六祖惠能

頓悟南蠻子

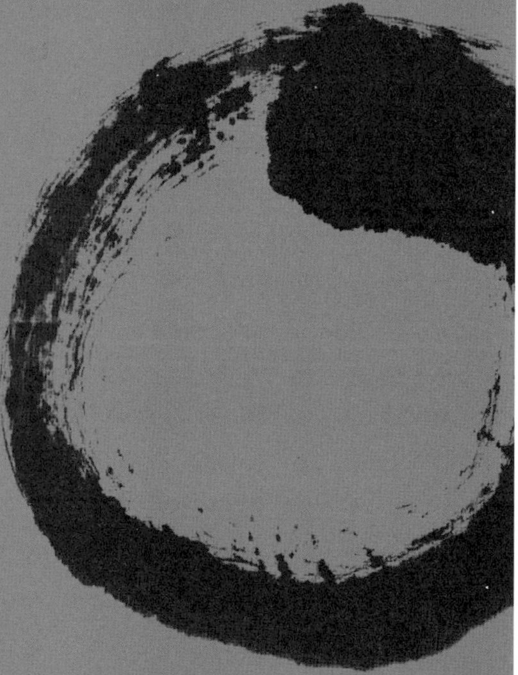

高僧小說系列｜精選

陳月文　著◆劉建志　繪

智慧與慈悲的分享

聖嚴法師

小說，是通過文學的筆觸，以說故事的方式，表現人性之美，所以稱爲文藝作品。它可以是寫實的，也可以是虛構的，但它必定是與人心相應，才會獲得讀者的喜愛與共鳴。

高僧的傳記，是眞有其人、實有其事的眞實故事，也是通過文字的技巧，以敍述介紹的方式，將高僧的行誼，呈現在讀者的眼前，也是屬於文學類的作品，只是缺少小說那樣戲劇性的氣氛。

高僧的傳記，以現代人白話文體，加上小說的表現手法，那就顯得特別生動而富於趣味化了。我從小喜歡文學作品的原因，是佩服它有高度的說服力，並且能使讀者印象深刻，歷久不忘，並且認爲高深的佛法，經過文學的表現，就能普及民間，深入民心，達成化世導俗的效果。我們發現諸多佛經的體裁，是用小品散文、長短篇小說，以及長短篇的詩偈寫成的。

近代已有人用白話文翻譯佛經，也有人以語體文重寫高僧傳記，但尚未有人以小說及童話的方式來重寫高僧傳記。故在《大藏經》中雖藏有極豐富的歷代高僧傳記資料，市面上卻很難見到。我們的法鼓文化事業股份有限公司，爲了使得故典的原文很容易地被現代的讀者接受，尤其容易讓青少年們喜愛，而從高僧傳記之中，分享到他們的智慧及慈悲，所以經過兩年多的策畫運作，推出一套「高僧小說系列」的叢書，選出四十位高僧的傳記，邀請到當代老、中、青三代的兒童文學作家群，根據史傳資料，用他們的生花妙筆、豐富的感情、敏銳的想像，加上電影蒙太奇的剪接技巧，以現代小說的形式，生動活潑地呈現到讀者的面前。這使得歷史上的高僧群，都回到我們現代人的生活中來，陪伴著我們，給我們智慧，給我們安慰，給我們健康，給我們平安。

這套叢書的主要對象是青少年，但它是屬於一切人的，是超越於年齡層次的佛教讀物。

我要在此感謝參與這套叢書編寫出版的全體工作人員，包括編者、作者、畫家、審核者、校對者、發行者，由於他們的努力，才能有這項成果奉獻在廣大的讀者之前。也請諸方先進和所有的讀者，多給我們鼓勵和指教。

一九九五年四月八日晨
序於台北法鼓山農禪寺

推薦序

人生要通往哪裡？

蔡志忠

「只有死掉的魚，才隨波逐流！」

人生是件簡單的事，是我們自己把它弄得很複雜的。

魚從來都不思考：

「水是什麼？

水爲何要流？

水爲何不流？」

這些無謂的問題。

魚只有一個最簡單的問題：

「我要不要游？
如何游？
游到哪裡？
游到那裡做什麼？」
人常自陷於無明的憂鬱深淵，無法跳脫出來。
人也常走進一條沒有出口的道路，
才發現原來這根本不是自己的人生之道。
兩千五百年前，佛陀原本也自陷於
人生的痛苦深淵……，經過六年的
修行思考，佛陀終於覺悟出：
「什麼是苦？
苦形成的次第過程？
如何消滅苦？
通往無苦的解脫自在之道。」

這也就是苦生、苦滅，一切因緣生的「三法印」、「緣起法」、「四聖諦」、「八正道」，所有攸關於人產生煩惱痛苦的原因和達到解脫、自在、清淨境界、彼岸之道的修行方法。

佛陀在世時，傳法四十五年，佛滅度後，佛陀的思想由他的弟子們傳承到後世，成爲今天的佛教。在佛教的發展過程中，留下了許多動人的高僧故事。

除了《景德傳燈錄》記載著所有禪宗各支歷代高僧學佛得道的故事之外，《大藏經》五十卷的〈高僧傳〉、〈續高僧傳〉裡也記載很多歷代大師傳記典故；此外，還有印度、西藏、日本等地大師的故事。通過閱讀過去大德諸賢的故事，可以讓我們對人生的迷惘問題得到啓發。

胡適說：

「宗教要傳播得遠，

佛理要說得明白清楚，

都不能不靠白話來推廣。」

這套高僧小說也繼承這使命，以小說的方式講述高僧的故事。讓讀者能透過這些歷代高僧的故事，得以啓發人生大道。相信做爲一個中華民族的後代，身在儒、釋、道思想的傳統文化背景下，如能透過高僧小說多了解佛教思想，對自己未來人生之路的導引和思考，必定能獲得很大的益助。

自序

追隨六祖惠能

記得還是學生的時候，便曾對禪宗六祖惠能大師傳承禪宗宗脈的偈子：

菩提本無樹，明鏡亦非台；
本來無一物，何處惹塵埃？

深深讚佩而心嚮往之。只是，當時並未進一步探索、追尋，而讓這分想望潛藏在心海深處。

當接獲法鼓文化主編果光法師邀約，為青少年撰寫高僧傳時，心中便浮現六祖惠能大師的千古名偈；得到果光法師的首肯後，即開展我個人在心靈上追隨六祖惠能的歷程。

撰寫《頓悟南蠻子——六祖惠能》的過程中，看了許多相關的書籍。每一次把讀，對惠能大師的認識便更深一層，也覺得在心靈上與他更接近。雖然，明知自己的道行、意境遠不及他，他高超的行誼也是我這凡夫俗子望塵莫及的，但我很喜歡這段「追隨」的過程。我相信，惠能大師的某些言行舉止與想法，將會在未來的有意無意間，引領著我前行的腳步。

佛學視窗

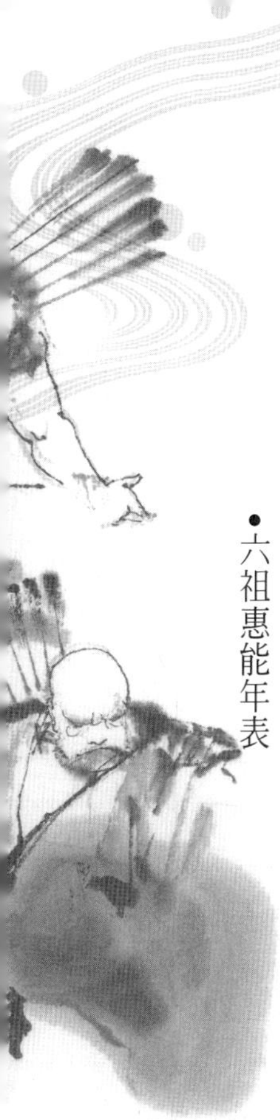

楔子

唐朝是個人文薈萃、政治昇平的朝代，只是，政治與文化的建樹皆集中於中原，而少及於受大庾嶺阻隔、交通不便的嶺南。在當時中原人的眼中，嶺南是個蠻荒之地，嶺南人是未受教化的野蠻人。然而，在當時的嶺南草莽之中，卻誕生了一位佛教高僧——禪宗六祖惠能大師。

01

南蠻子

唐高宗龍朔元年（西元六六一年），二十四歲的盧惠能像平常一樣，早出晚歸地上山打柴，以賣柴所得維持母子兩人的清貧生活。

這天黃昏，盧惠能賣完柴正打算回家，忽然聽到旅店裡傳來一陣誦經聲。從未聽聞佛經課誦的惠能不知怎的，竟讓經聲給深深吸引而佇足聆聽。

當誦經聲念到「應無所住，而生其心」時，惠能心裡受到莫名的震撼，他走進旅店，找到誦經的旅客安道誠，誠摯地問他：「請問客官，您念的是什麼經？」

安道誠回答：「《金剛經》。」

「可不可以請您告訴我，您是從哪裡得到這部《金剛經》的？」

「從蘄州黃梅縣的東禪寺，」安道誠見惠能憨直的神情，便又告訴他：「東禪寺是五祖弘忍和尚住持的寺院，我曾在東禪寺聆聽弘忍和尚宣講《金剛經》。和尚總勸勉僧俗弟子說：『常持誦《金剛經》，就可以見著本性而了悟成佛！』」

安道誠的一席話，開啓了惠能求法的心窗。他回家安頓好自三歲失怙後便

相依為命的慈母，帶著簡單的行囊，跋山涉水，一步步向遙遠的蘄州走去。

＊　＊　＊

這一天，東禪寺的早課剛結束，知客僧❶便走進大殿，恭敬地向弘忍和尚稟報：「師父，殿外有個從南方來的人，名叫盧惠能，說要來跟您學佛法。」

大殿上起了一陣輕微的騷動。

「什麼！南方來的蠻子，也想跟我們的師父學法，太自不量力了吧！」

「就是嘛！沒經過教化的南方蠻子，居然妄想到咱們東禪寺求法，簡直不知天高地厚！」

原本沉浸在靜默肅穆氣氛中的寺僧，紛紛交頭接耳起來，你一句、我一句地議論著。平靜的大殿有如投石入湖，泛開波波漣漪。

自小生活在中原人文薈萃之地的僧侶們，多半對於遠離政治與文化中心的南方心存鄙視，也總是把南方人當成野蠻人。他們總認爲，沒經過教化的野蠻人，絕不可能和崇高的佛法搭得上關係！

再加上他們身在東禪寺，師事禪宗第五代祖師弘忍和尙，心裡普遍有著比別的寺僧更多些的優越感。而今，居然有南方蠻子想來成爲同門師兄弟，豈不是會貶低了東禪寺的身分與地位嗎？

議論紛紛的寺僧們，毫不保留地將心裡的想法表達出來。

五祖弘忍和尙哪裡會不知道弟子們的心意？他一方面對弟子們狹小的眼界感到無可奈何，另一方面，卻油然生起一股好奇心：「是什麼原因，讓盧惠能從遙遠的嶺南，攀越草莽叢生的大庾嶺，來到蘄州黃梅縣憑墓山上的東禪寺求法？」弘忍和尙心裡想著，決定見他一面。

「請他進來吧！」弘忍和尙以洪亮的聲音，終止弟子們吵雜的談論。

「是，師父！」知客僧走向殿外，向等候中的盧惠能說道：「師父喚你進去！」然後，便轉身逕自走回大殿。

「謝過師父！」盧惠能禮貌地道了謝，一路跟著知客僧踏進大殿。

殿裡，僧眾們射來一道道不友善的眼光，然而盧惠能並沒有被嚇倒。

「或許是這月餘的日夜趕路，趕出一身的狼狽，而引起眾師父們的側目吧！」盧惠能明白自己凌亂、糾結的頭髮，和髒兮兮、灰樸樸的衣褲，與明亮的大殿及大殿內莊嚴肅穆的僧眾們太不協調。但是，他仍然坦然地走到弘忍和尚面前，恭敬地頂禮一拜，道：「弟子盧惠能拜見大師！」

「你從何而來？爲何事相求？」弘忍和尚以威嚴的聲音鎮懾全場。

「弟子來自嶺南新州。遠道前來，是爲求法。」盧惠能從容不迫地回答。

弘忍和尚心想：「這個體型瘦小，穿著破舊的孩子，眉宇間卻有一股坦然與自信。看來並非一般凡夫或泛泛之輩。讓我來試試他的根器！」弘忍和尚故意以鄙夷的口氣說道：

「嶺南人不都是未經教化的野蠻人嗎？你難道也懂得佛法是什麼嗎？」

盧惠能聽和尚這麼一問，神色自若地說：「大師，人可以有南北之分，佛法並沒有南北之分呀！我雖從南方來，不過，心中的佛性，與大師您應當沒什麼差別！」

「放肆，竟敢對師父無禮！」

「師父，讓我把這個狂妄的南方蠻子趕出去！」

「……。」

原先已對惠能存有偏見的僧眾們，見惠能如此大膽冒犯，更是氣憤地想把他掃地出門。然而他們不知道，師父弘忍和尚對惠能的聰慧卻十分欣賞：「這孩子的善根深厚，我得好好栽培他，將來肯定是佛門龍象！」弘忍和尚心想。

不過，當他環顧四周，看見弟子們一個個面露敵意，充滿不屑的表情時，心頭一驚：「這個信心滿滿，卻其貌不揚的南方人，如果一來就受到重用，只怕會引起其他弟子的排擠，對他的修行反而沒有什麼助益。」

弘忍和尚心念一轉，想到了一個妥善的辦法，便對惠能說：「你就和其他弟子一起在寺裡打雜吧！」

「稟告師父，弟子自覺心性清明，沒有任何雜念，因此不明白師父您究竟要弟子打什麼雜？」

弘忍和尚沒料到惠能會這麼回答，楞了一下，隨即在內心漾起一片讚歎：「這孩子真是具足大利根器，只是言語、思想太過犀利，若是和眾弟子過於親近，難免會有紛爭。」

「你先到廚房去和行者們一同料理伙食吧！」弘忍和尚緩緩說道。

「是，師父！」惠能沒有再說什麼，恭敬順從地跟著知客僧走向廚房。

砍柴、舂米、洗菜、煮飯，南方來的行者盧惠能，在東禪寺展開了新生活。

自從被弘忍和尚派到廚房擔任伙夫以後，惠能每天都盡心盡力做好自己分內的工作。天未亮就起身，一直工作到深夜才就寢。他平常很少與人聊天說笑，也不說長道短，總是默默地工作著。於是，一些粗重的、汙穢的活兒，比如舂米、挑糞等……，也就不知不覺地全落在他身上了。惠能從不抱怨，總是把所有的事承擔起來，當成是最好的修行，然而身形瘦小的他，做起粗重的活兒來，畢竟有些吃力。

春米是一項費力的工作，每回，惠能吃力困難地轉動舂米的石磨，即使流了滿身大汗，累癱了身子，依然只磨出一點點的米。在一次次的磨米中，惠能一直想改善這種情形，以增加工作效率。經過多次試驗，他終於找出最適合自己的方法：在身上綁一塊大石頭來增加自己的體重，以加強推動石磨的力量，提高磨米的效率。

於是，在廚房磨米的角落裡，天天可以看到用粗麻繩綁了大石塊繫於腰上的惠能，緩緩推動石磨的身影。只是，惠能每跨動一步，晃動的大石頭便會摩擦大腿，牽動麻繩搓擦腰際，使惠能的大腿和腰際不斷地破皮、流血、化膿……，終至長出厚厚的皮繭。

同在廚房的師兄弟好奇地問他：「惠能行者，你這是何苦呢——有多少能力做多少事也就罷了，何必這樣折磨自己的身體？」

「師父既然派我來廚房工作，我便應該盡力把工作做好。只要能把米磨好，受一點皮肉之傷也沒什麼。」惠能淡淡地說。

「何必呢？」

「眞是的！」

「……。」

眾師兄弟們不以爲然地勸說了幾回，然而，見惠能仍然執著於工作，大家只好把他當成怪人看待，也就不再勸說他。

另一方面，看似漠然的弘忍和尚，其實也在遠處暗暗觀察惠能的一切行止。他從惠能接受、承擔困難，並極力思索解決之道的態度上，發現他心地磊落、性格沉穩的一面。惠能行者什麼都能做，也什麼都樂意做，對人、對事沒有分別心，對於生活更是樂在其中。師兄弟們不但不幫忙，還在一旁奚落、揶揄的態度，惠能也坦蕩蕩地面對，而不會有半點不悅之色。

「眞是難得啊！」弘忍和尚不只一次在心底讚歎。

然而，關於惠能，弘忍和尚的心中還有另一個解決不了的憂慮——他發現，不管惠能再怎麼努力，他一個不識字的南蠻子，仍無法被師兄弟們所接受。在不斷地被輕視、排擠中，惠能的優點與長處是永遠沒有機會被發現的。

「要怎麼做，才能拉近惠能與其他弟子間的距離呢？」弘忍和尙爲這事兒不斷傷神。他期待弟子們接納惠能，好讓惠能行者早日剃度，成爲正式的出家人；卻也清楚地明白，這種事是強求不來的。只希望時間能改變一切，讓惠能出家的因緣早日成熟。

這天夜裡，弘忍和尙做了一個可怕的夢：夢見四祖道信要他承繼禪宗五祖宗師的地位，正將衣缽❷交給他時，旁邊忽然閃出一個人，搶奪他手上的袈裟❸。兩人各抓袈裟一角，都不肯放手。

弘忍和尙猛然驚醒，坐起身，在濛濛夜色中仔細思索著夢境的意義。

「看來，我必須面對禪宗傳承的問題了。」他心想。

「眼下，誰最適合承繼衣缽，擔任禪宗第六代祖師呢？」弘忍和尙嚴肅地詢問自己。

弘忍的腦海中不由自主浮現出惠能恬淡寧靜的神情，以及他言語中自然流露的禪機。另一個浮現腦海的人物，卻是人品、學識、道心都遠遠超越其他師兄弟，並一向得到自己器重的大弟子——神秀。近幾年，神秀常代替自己講經說法，優異的表現使他早就被全寺僧眾認定爲禪宗的下一代接班人。

弘忍和尚還想到，自己曾當眾誇讚神秀說：「我弘忍所傳授的佛法，差不多都讓神秀習得了！」

想到禪宗衣鉢不傳給人品卓越的神秀，卻傳給連髮都未落的南蠻子盧惠能，弘忍和尚不禁暗自擔憂了起來：「不服氣的弟子們，說不定會搞出一場天下大亂來。」

「但是又不能埋沒眞正有才能的人，將衣鉢傳給不適任的人。」弘忍和尚內心不斷掙扎。

「也罷，我就再給他們一次機會，讓他們自己來決定誰是第六代禪宗祖師吧！」

當弘忍和尚想出解決問題的好方法時，遠方傳來「喔——喔——喔——」響亮的雞啼聲，劃破了灰黑的夜空。

❖註釋❖

❶知客僧：佛寺中司掌迎送賓客、安排照料賓客生活起居的僧侶。

❷衣缽：衣是出家人的法衣，缽是吃飯用的器具。衣缽合起來，象徵師徒的傳承。

❸袈裟：出家人的法衣。

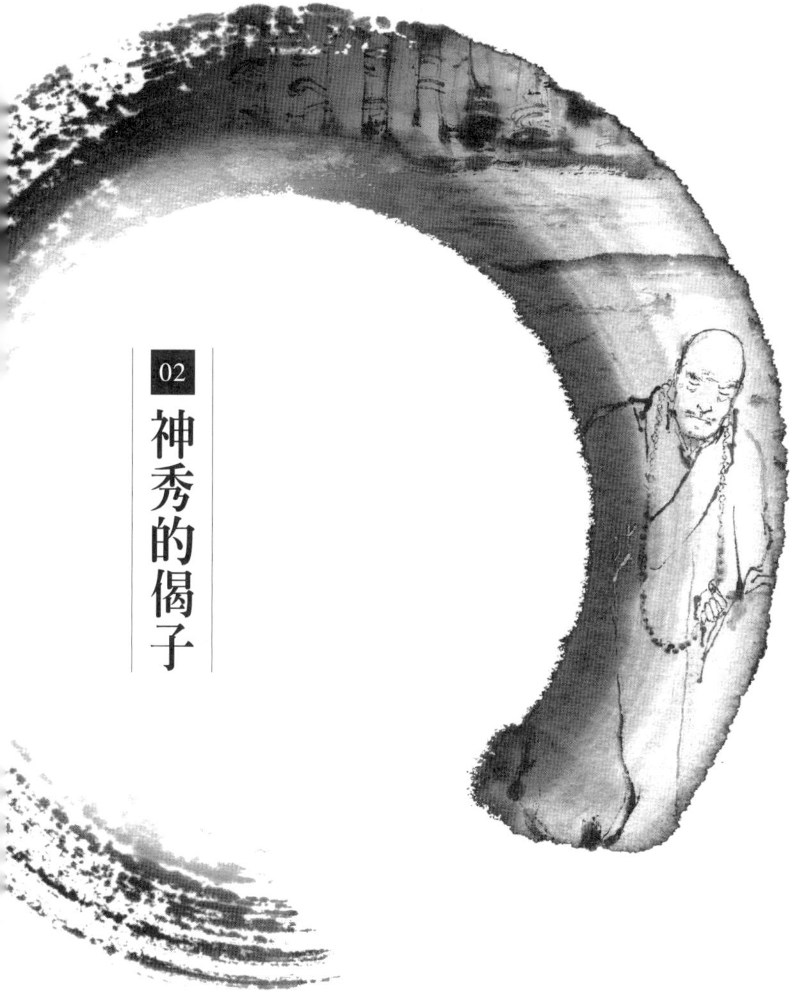

02

神秀的偈子

弘忍和尚想出來的方法，就是讓弟子們將所悟心得寫成偈子，再交給師父來印證。誰所修成的境界最高深，誰就最有資格成爲禪宗第六代祖師。

「寫偈時，千萬不要深思熟慮，而是很直接地流露出自性。」弘忍和尚在宣布時，殷切地叮嚀著。

這件事在東禪寺僧眾裡立刻引起軒然大波，僧眾們津津樂道地談論著相同的話題。

「師父要傳衣缽了！」

「就快要有禪宗第六代祖師啦！」

「師父會把衣缽傳給誰呢？」

「……。」

既興奮又期待的僧眾們爭相走告著，一時間，東禪寺裡上上下下想的、說的都是「寫偈」、「傳宗」的大事。這項訊息，也讓幾個嘴快的小沙彌傳到了廚房。

廚房的師兄弟們也開始關心這事。他們心裡有事，工作起來，便缺乏往日

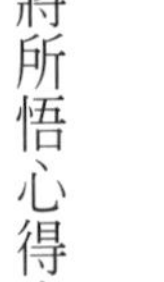

的俐落，廚房的氣氛忽然間變得悶悶的。

惠能也感受到這股奇特的氣氛，但他並沒有急著打聽。他知道，這些師兄弟們個個都是一根腸子通到底，藏不住話，不一會兒，就會把心事都抖出來了。

果然，不久後有人開始竊竊私語了。

「你想好偈了沒？」

「沒有，你呢？」

「我也沒有！老實說，我根本不知道該怎麼想，要怎麼作呢！」

惠能心上奇怪：「想偈？做什麼呢？是誰要他們作偈呢？」一連串問號浮現惠能腦海。

「哎呀，你們兩個煩惱那事做啥啊！寫什麼偈嘛？再寫也沒啥用處啦！」另一位師兄弟用誇張的口氣數落著。

「爲什麼沒有用？師父不是叫大家把修行的心得寫成偈呈上去嗎？」

「原來是弘忍和尚的主意。只是，他要大家寫偈做什麼呢？」惠能心頭的疑雲稍解。

「你也太天眞啦！也不想想自己有幾兩重，眞作得出什麼有道行的偈來？」

「喂！你別狗眼看人低啦！搞不好，我是眞人不露相，眞的作出一首道行高超的偈來，承繼了衣缽，成爲禪宗第六代祖師。呵呵呵，到時候，你們一個個都得跪在我跟前，向我磕頭啦！」

「呸呸呸，眞是馬不知臉長，憑你，也敢癡人說夢話！你也不想想看，有老教授神秀法師擋在前頭，你我還會有什麼機會？所以我說你啊，別白費力氣啦，還是認分地在廚房爲師兄弟們布菜，種種福田吧！」

「唉！說得也是，有神秀法師在，咱們都不必傷這個腦筋了，反正就等著依止神秀法師了！」

「……。」

廚房師兄弟們的對話，一句句傳進了惠能行者的心裡。

「結果，誰會承繼衣缽，成爲禪宗的第六代祖師呢？會是神秀法師嗎？」

這個所有人關注的話題，也潛進了惠能腦海。不過，惠能並沒有像其他人那樣談個沒完，自尋煩惱，他還是專心於自己的磨米工作，以清明的心境靜待事情的發展。

就在此時，被眾人一致看好的神秀，卻陷入了：「作偈？不作偈？」的矛盾中。

「大家都不想作偈，是因爲我已經是大家的教授師了。我應該作出一首偈來，呈師父過目，讓師父知道我對佛法的體悟。」這個念頭才剛浮現，另一個聲音又盤據腦海：「寫偈的用意，若爲了求法，是好的；若爲了求傳承，豈不和對聖位有野心的凡夫一樣？但是，如果不作偈，又如何能得到師父的印證呢？」神秀法師處在這兩難之中。

時光飛逝，日出復又日落，神秀被自己的想法搞得精疲力竭，卻還未作出決定。

「也罷，我就作成一偈，呈上去給師父，再由師父定奪吧！」神秀決定以後，快筆一揮，擺脫內心其他聲音的糾纏，恭恭敬敬地寫了首偈。然後，捧著剛寫好的偈，走向方丈❶室。

走在通往方丈室的長廊上，神秀卻開始心神恍惚。站在方丈室的門口，他陷入另一種矛盾中「呈偈！不呈偈！」輪番交戰著，每當他想呈上去時，總又遲疑地縮回雙手，到後來，已經汗流浹背，卻還是鼓不起勇氣敲門進去。

一連四天，神秀法師十三度到方丈室前想呈上手中的偈子，都沒有成功。到了第五天夜裡，當神秀又陷入心理交戰而夜不成眠時，忽然聽到更夫「叩、叩、叩」敲響了三更鑼聲。

「唉！都三更天啦！我該怎麼辦才好呢？」神秀望著窗外皎潔的明月苦惱著。忽然，一道靈感閃現腦際，「對啊！我不如趁此夜深人靜時刻，到南廊那片牆上，寫下偈子。如果師父批評我的偈文未得道，我就默不吭聲，不要承認是自己的作品；如果師父肯定我的體悟，我再向師父坦承是自己作的吧！」

神秀打定了主意，拿出筆墨，邁向南廊，就著明亮的月光，在白牆上匆匆

寫下自己的偈文。寫完了以後，又急急收拾筆墨，悄悄退回寮房，心裡卻仍七上八下的，一夜輾轉難眠。

天亮了，負責清掃南廊的小沙彌，首先發現了牆上的偈文。他立刻奔向方丈室，向弘忍和尚報告。不一會兒，南廊裡已擠滿了許多看偈文的人，將弘忍和尚團團圍在中間。

站在牆前的弘忍和尚，緩緩念出偈文：

身是菩提樹，心如明鏡台；
時時勤拂拭，勿使惹塵埃。

「師父，這首偈是好，還是不好？夠不夠格繼承您的衣缽？」
「師父，您知道這首偈是誰寫的嗎？」
「師父，是神秀師的作品嗎？」

身是菩提樹
心如明鏡台
時時勤拂拭
莫使惹塵埃

「……。」眾人議論紛紛，等待著弘忍的評論。

弘忍和尚一看就知道是神秀的作品，心裡卻有點兒失望地想：「他也就只能寫出這個程度的偈了！」

但是，該如何處置這件事呢？他心裡盤算著。面對弟子們急切地追問，他必須小心處理，替神秀保留住顏面，不能把話說絕了。

正遲疑時，弘忍和尚忽然想到了一個好方法。他回轉身子，朗聲向弟子們宣告：「這首偈寫得很好，大家只要牢記偈文，勤於背誦，並且按照偈文的旨意認眞修行，就不會墮落到地獄裡去受苦了。」

弘忍和尚說完，便頭也不回地回方丈室去了。

聚集在牆下的各級僧侶們，聽了弘忍和尚的話，一個個認眞地背誦起神秀寫的四句偈。一時間，整個寺院充滿了誦念聲。

這天夜裡，弘忍和尚卻差人把神秀找去方丈室。

「南廊牆上的偈文是你寫的吧！」弘忍和尚開口問道。

「是的，師父，那首偈確實是弟子所作。」神秀恭敬地回答：「弟子作偈並不敢妄求六祖的尊位，而是希望師父慈悲，看看弟子是不是有一點智慧。」

弘忍和尚點點頭，告訴神秀：「從你作的這首偈看來，你只走到佛法寶殿的門外，還沒有進入門內。也就是說，你還沒有悟到自己的本性，還沒有完全的解脫自在。」

神秀聽了弘忍和尚的話，立刻低下頭來，爲自己未能悟得自性而慚愧。

弘忍和尚安慰神秀：「丟開心頭的煩惱，不要再患得患失。讓自己的心緒恬靜淡然，超脫俗世的一切，就可以悟到自性了。」

「我再給你兩天的時間，你好好再作一首偈給我看。如果確實已達大徹大悟的境界，我就傳位給你。」弘忍和尚告訴神秀。

神秀辭別弘忍和尚，步出方丈室的時候，覺得雙腳有如綁上鐵鍊般，沉重得幾乎邁不開步伐。他無奈地舉頭望著清空中的朗朗明月，難過的在心中不斷地責備自己：「修行了這幾十年，竟還只在佛門殿堂外徘徊！唉！讓師父

笑話了。」

神秀明白，弘忍和尚在師兄弟們面前稱揚他的偈文，只是間接告訴他，他的境界僅只及於「不墮地獄受苦」。

❖ 註釋 ❖

❶ 方丈：原指一丈四方之室，為佛寺中住持的居室，後引申為對住持的敬稱。

03

惠能的偈子

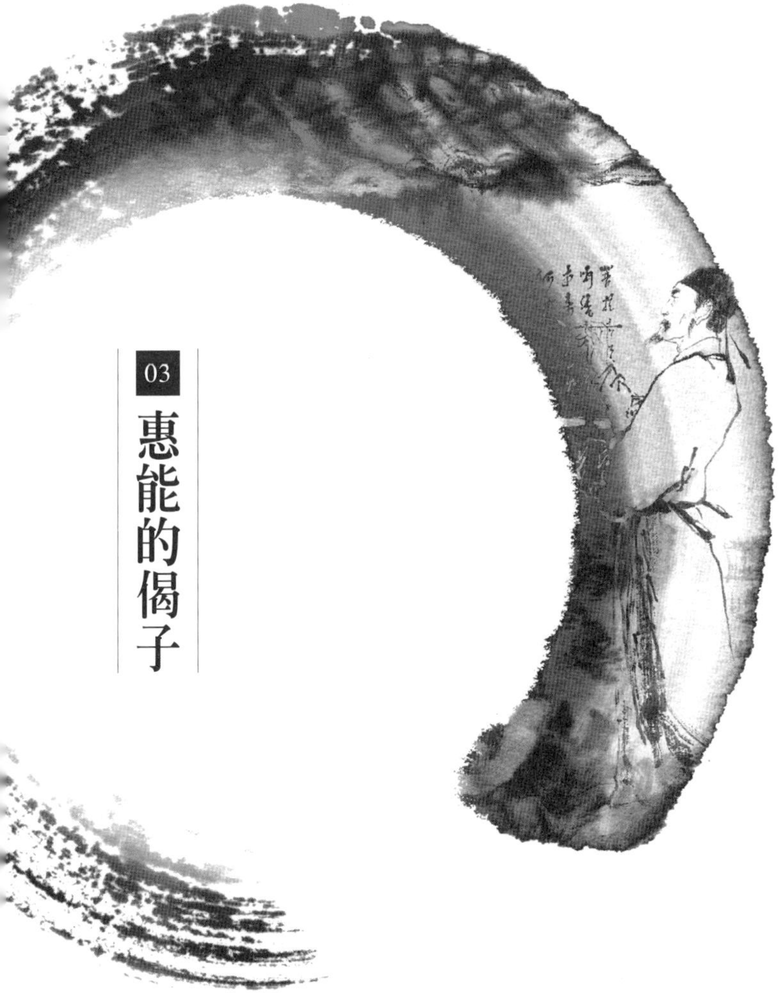

天亮了，東禪寺裡的師兄弟們又開始了一天的生活。許多人將神秀寫在南廊牆上的偈文掛在嘴邊，殷勤誦念，然而，聽在神秀耳裡卻有如針刺。因爲要達到師父的期待，在兩天之內跨越障礙，悟到自心本性，其實是一種很大的心理壓力。

幾個小沙彌煞有介事，搖頭晃腦地走進廚房，口中喃喃誦著神秀的偈子。

「咦，你們這麼認眞地在念什麼？」有人問了。

「啊？你還不知道啊！這是首法力無邊的高深偈文呢！」領頭的小沙彌誇張地說。

「趕快學起來！師父說，只要勤於背誦，而且照著偈文上的旨意去做，就可以避免墮入地獄去受苦了。」另一位緊跟著說。

「眞的啊！我也要學，請教教我吧！」

「我也要學！」

「我也要！」

廚房的師兄弟們都圍了過去，滿臉期待地望著小沙彌。

「好，來！我念一句，你們就跟著我念一句。」小沙彌捲起袖子，扯開喉嚨，一副神氣活現的樣子。

「身是菩提樹」……「心如明鏡台」……，廚房裡的眾師兄弟們以敬畏的態度，一句句跟著念，一時間，誦念聲在廚房裡縈繞不已。

在角落中磨米的惠能，靜靜地聽著眾人的談話。他沒有參與討論，也沒有起而應和。看著大家把這首四句偈奉如圭臬，惠能的心中卻另有一番看法！

「奇怪，這首偈子明明沒有見著眞性情，師父爲什麼要大家追隨呢？難道，師父只要大家不墮入地獄受苦，而不要引領大家度向彼岸，得到眞正的解脫嗎？」惠能心裡很擔心：「大家都以這首偈爲依歸，那麼，終其一生，必將只能在佛法的門外徘徊！」

「如果不將這樣的想法說出來，不但對不起大家，也對不起自己。可是，說出來又不見得能被接受……。」惠能猶疑了片刻，解下腰間的麻繩，走向那位領頭的小沙彌，恭敬地提出請求……。

「師兄，惠能來到東禪寺已八個月了，卻連法堂都未進去過。我想麻煩您帶我到寫這首偈的地方去禮拜它一番。」

「唷，你也聽得懂這首偈所代表的高深意境嗎？」小沙彌顯然不太相信。

「還望師兄成全。」惠能沒有辯解，只是重複自己的請求。

「好吧！看在你一片誠心的份上，我就帶你去吧！不過，看不看得懂，到底能體悟多少，只有看你自個兒的福報囉！」

「是！師兄教誨的是！」

「那就跟我走吧！」小沙彌說完，神氣地步出廚房。

「等等，我也要去！」另一位師兄急急跟了出來。

「我也要去！」

「我們也要去！」大夥兒都放下手邊的工作，一窩蜂地往南廊走去。

隊伍浩浩蕩蕩地來到了南廊牆下。

「呶，就這裡了，看吧！」小沙彌明明知道惠能不識字，卻還指著牆上的字讓惠能念。許多人的臉上有著看笑話的神情，惠能卻不以爲意，露出憨直

的笑容，搖頭說道：「我不識字，還請師兄們爲我念一念。」

他的誠實，讓那些喜歡嘲笑他的人頓時無話可說！只有那個小沙彌，嘴裡還毫不留情地奚落惠能：「我就說嘛！沒受過教化的南方蠻子，到南廊來只怕也是白費力氣。」

人群中有人爲惠能念了這首偈了，惠能專注地聆聽著，以致於連小沙彌的揶揄都沒聽見。

聽完後，惠能轉身對小沙彌說：「我心中也有一偈，想煩勞師兄您代我寫在牆上。」

「你？你連大字都不認得一個，竟然也敢說要作偈，你簡直太狂妄了！」小沙彌瞪大了眼睛，不屑地說。

一旁的師兄弟們聽了惠能的請求，也都無法置信地紛紛加入嘲弄的行列：

「哈哈哈，南方來的白丁也妄想作偈！」

「喂，你這個不自量力的南方人，別在這裡獻醜啦！快回廚房去，做適合自己身分的伙夫工作吧！」

「……。」

大家你一言、我一句地奚落著，使原本就孤立無援的惠能更加窘困了。不過，惠能行者畢竟是受弘忍法師所讚歎的一位修行人，這些無聊的中傷對他而言都彷彿「朝天射箭」般，傷害不了他。在心中，他默默地原諒了眾人。

「該如何幫助師兄弟們呢？」惠能在心中苦思著。如何能讓他們知道佛法的眞諦，才是惠能眞正在意的事。

這時，常親近東禪寺的江州別駕❶張日用正好迎面走來。惠能走向張別駕，誠懇地提出請求：「張別駕，惠能想勞煩您爲我在牆上寫首偈，不知可否？」

「你也會作偈？這可稀奇了！」張別駕的表情也與其他人一樣，充滿了訝異與懷疑。

惠能知道，張別駕和以貌輕人的師兄弟一樣，根本不相信眼前這個身形瘦小、長相粗野的行者也能作出偈子來。不過，張別駕來東禪寺作客，畢竟不敢明目張膽地瞧不起人。惠能決定用這個機會給師兄弟們一些教育。

「呵呵呵，這小蠻子找不到同門師兄弟幫他寫偈，居然涎著臉去找外人幫忙啦！」

「張別駕，我看您就委屈委屈自己，幫幫這小蠻子的忙吧！您看他那個蠻性子，不幫他寫，他是不會罷休的。」

「是啊，張別駕，反正白壁黑字寫在牆上，大家笑話的是他，又不是笑話您！」

「哈……。」

這些惡毒的嘲諷並沒有傳入惠能耳裡，他神情專注、語氣誠懇地說道：「張別駕，下等人也可能有上等人的智慧，而眞正上等的智慧更是沒有分別、計較的。想求得佛法的眞諦，尤其不能隨便輕視下等人。您要知道，人如果輕視別人，很快就會墮入地獄，受無量無邊的罪報。」

張別駕被惠能的話給震懾住了，久久才反應過來。看起來毫不起眼的一位普通行者，居然能講出如此有智慧的話，張別駕深深地佩服著，豪氣地說：「好！我就爲你寫偈，請將你心中的偈念出來吧！」

惠能朗聲誦出：

菩提本無樹，明鏡亦非台；
本來無一物，何處惹塵埃？

惠能一句句念著，張別駕一句句寫著，他的神情從原來的輕鬆、詼諧，逐漸轉爲恭謹、嚴肅。

而在一旁喧鬧、笑罵，等著看笑話的師兄弟們也一個個靜下來了，訝異的、懷疑的、不信的，甚至驚喜的、讚歎的各種表情都一一出現在師兄弟們的臉龐。

「行者菩薩，您的偈文果然高深。」張別駕寫完四句偈後，轉過身來，臉上閃動著法喜的光彩，以誠摯的語氣對惠能說：「來日，您若得道成佛，可別忘了來度我喲！」

師兄弟們也在一旁竊竊私語，意見紛紛。有的說：

「沒想到南蠻子作的偈子還眞不賴……。」
「好像有點兒意思在裡頭……。」
也有的說：
「這明明是仿照神秀法師而寫的偈，怎麼可以稱作是自己的偈文呢！」
「這算什麼偈嘛！居然說菩提不是樹，明鏡不是台；明明是在誣衊我佛嘛！」
「……。」
惠能沒有理會師兄弟們，謝過張別駕後，便逕自走回廚房，若無其事般繼續磨他的米。
惠能也在南廊牆上寫偈的事，立刻傳到弘忍和尚的耳朵裡。他來到牆下，看過偈後，內心一方面對惠能的悟境感到十分歡喜，也爲禪宗衣缽終有傳人感到欣慰。另一方面，卻又擔憂著惠能的未來，及一場預期中的紛爭到來……。
弘忍和尚於是緩緩脫下鞋子，用鞋底拭去惠能的四句偈，而後轉身淡淡地

對看熱鬧的弟子說：「這首偈寫得並不好，你們背原來那首偈就好了！」

「看吧！我就說嘛，南方的野蠻人，怎麼可能寫出什麼有佛性的偈呢！」

「眞是丟人現眼！看，偈文被師父擦掉了吧！」

五祖弘忍平息了眾人的疑慮後，看熱鬧的僧眾也漸漸散去了。廚房師兄弟們也統統回到工作崗位，繼續未完的工作。他們看見惠能時，臉上輕視的表情更明顯了。

好事的同伴甚至把師父用鞋底擦去偈文的事，誇張地張揚著。

惠能和往常一樣磨著米，沒有因爲師兄弟們的揶揄而生出半點兒不快。他相信，師父擦去那首偈文，必定有他的用意。

忽然，廚房安靜了下來，彷彿有個罩子當頭罩下，把所有的聲音都給罩住了。

惠能好奇地抬起頭，看到師父正站在自己面前。

「師父！」惠能恭敬地問訊。

「你來這兒有多久啦？」弘忍和尚沉靜地問。

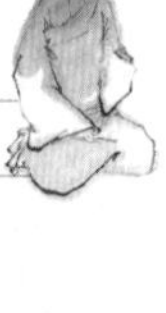

「已經八個多月了。」

「米磨得如何了？」

惠能回答師父：「好是好了，只是還沒用篩子篩過。」

弘忍和尚滿意地點點頭，嘴裡說：「很好！很好！」同時舉起禪杖，在地上重重敲了三下。

聰穎的惠能馬上領悟師父的意思，他投以感激的眼神，恭敬地目送師父轉身離去……。

❖ 註釋 ❖

❶ 別駕：官名。歷代皆有此職，為輔佐州刺史的官員。

04

夜傳衣鉢

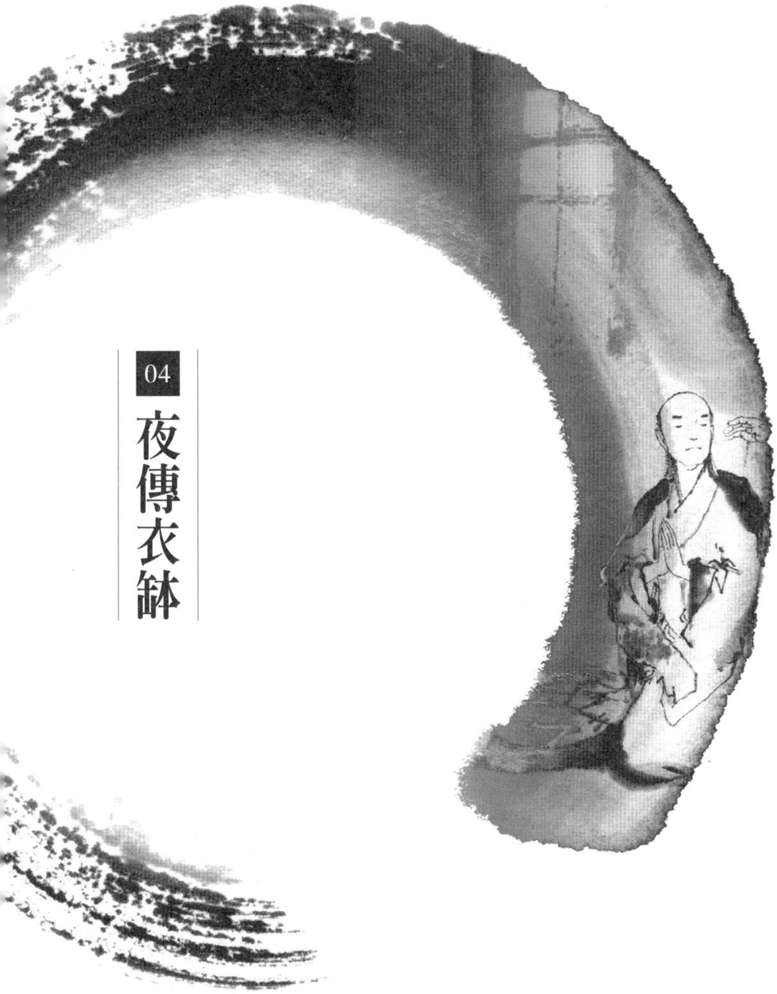

當天夜裡，更夫敲響三更鑼時，惠能已經站在弘忍和尚的方丈室外。

「惠能拜見師父！」他低聲說。

「進來吧！」弘忍和尚的聲音自房中傳來。

惠能輕輕推開會發出「咿——呀——」聲的房門，踏進方丈室內。

走進屋裡，見弘忍和尚身著金黃色木棉袈裟，端坐在床上。

弘忍法師解開袈裟遮住窗戶，然後，捧起桌上端放的《金剛經》，開始緩緩述說《金剛經》的經義。

「如是我聞，一時佛在舍衛國，祇樹給孤獨園……。」

弘忍和尚低沉的嗓音在黑夜中迴盪著，將《金剛經》要義一一傳入惠能心中。

惠能專注而恭敬地聆聽著，對弘忍和尚的開示心領神會。

「……是故須菩提，諸菩薩摩訶薩，應如是生清淨心，不應住色生心，不應住聲香味觸法生心；應無所住，而生其心……。」

聽到「應無所住，而生其心」這句話時，惠能的心中彷彿突然打開了一扇

窗子，整個世界變得非常的空明寂靜。他想到八個多月前，就是居士安道誠誦念的這段話，開啓了他遠赴東禪寺求法的心願，也就是這段話讓他體悟自性而辭別慈母，離開多年的樵夫生活，離開嶺南新州老家，開始學佛求法的日子。

此刻，再聞師父的講解，惠能頓覺清明的心中已無任何罣礙。他覺得自己彷如新生兒般，有股輕得說不出、淨得難以言喻的感覺。他對著弘忍和尚說出自己的體悟：

「想不到自性是如此清淨！想不到自性是沒有生滅！想不到自性是如此圓滿！想不到自性是如此堅固不移！想不到自性能生出一切的智慧來！」

弘忍和尚眼見惠能全身煥發著光采，知道他已悟得最上乘眞理，便闔上手中的《金剛經》，取下窗戶上的金黃色袈裟，披在惠能肩頭，說道：

「惠能行者，學佛、求法最後若不能認識自己的本來面目❶，是半點用處也沒有的。相反的，若能明心見性❷，就是丈夫、是天人師、是佛了！」

在夜深人靜、萬籟俱寂的三更天，禪宗五祖弘忍和尚正式將衣缽傳給六祖惠能。

他殷殷囑咐惠能：

「你要好好地修行，隨時提起正念，廣度有情眾生❸，將佛法流傳下去，勿使禪宗法脈斷絕。」

說完，他隨口道出一個偈子來：

有情來下種，因地果還生；
無情亦無種，無性亦無生。

弘忍接著道：「當初達摩祖師將禪法東傳，爲了使禪宗的法脈傳承有所依止，才會有衣缽爲信物，但是現在，衣缽反而成爲爭端的來源。日後，你若再傳衣缽，只怕命如懸絲。所以，自你以後，宗脈傳承，只傳無形的心法，不再傳有形的衣缽。」

聽了師父的話，惠能明白未來的路未必是條坦途，但他決定以任重道遠的心面對。

「師父的法只能說到此了，你快離開這個地方吧！」弘忍和尚叮嚀著。

「但不知該去向何處？」惠能的眼神中有一抹臨別的傷感。

「逢『懷』則止，遇『會』則藏。」

「逢『懷』則止，遇『會』則藏。」惠能在心中默念了幾遍，然後把袈裟收進懷裡，拜別恩師：「弟子不能隨侍身旁，師父請善自珍重。」

「讓我送你一程吧！」弘忍和尚和惠能並肩走出方丈室。

屋外皎潔的月光，輕灑在兩人的身上，爲他倆周身披鍍一層銀光。

師徒兩人行到了九江驛，惠能望著蒼茫的江水，想到千里相送終須一別，便回過身來，拜別弘忍和尚：「弟子就要過江了，師父，您請回吧！」

「爲師的度你一程！」他跳上停泊岸邊的小船，穩穩地操起槳來。

終於覓得傳人的弘忍和尚，面對愛徒這樣倉惶離去的命運，心中也有幾分不捨！

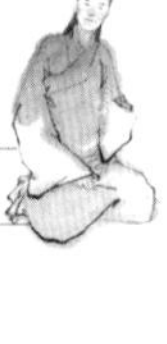

惠能不忍讓年邁的師父爲他划船，便一面伸手想接過船槳，一面說道：「惠能剛從南荒之地來時，是個連話都還講不清楚的傻小子！承蒙師父慈悲納受，傳我心法，如今，竟然能悟得自性。心迷時，師父度我，心悟時，應該自度自的。就讓惠能來吧！」

「哈哈哈！」弘忍和尚開心地笑了，不過，他並沒有鬆手，只堅定地告訴惠能：「就讓爲師的度你這最後一程吧！過了江，你就只能自求多福了。」

「是！」惠能不再爭辯，只靜靜享受師徒最後一段共處的江上時光。

小船輕輕划過寂靜無波的水面，在銀白的月光中，悄然航向對岸。眼見對岸已愈來愈近，惠能心中不捨恩師的離愁也愈來愈濃了。

他知道，自己這一離去福禍難料，今生能報答師恩的機會更是渺茫；而師父回返東禪寺後，所將面對來自師兄弟們的懷疑與詰難，更是令人難安。

靠岸了，惠能跳上河岸，在岸邊拜別弘忍和尚。

「你好好地走吧！努力地朝南方去，凡事不必心急，佛法的興起不在一時，還須因緣具足才是！」弘忍和尚說完，又操起槳，離岸回航。

惠能看著小船在夜色中漸行漸遠，終至成爲一個小黑點，消失在夜幕中，這才提起步伐，朝南方闊步而去。

＊　＊　＊

惠能一路南下，走在八個多月前曾走過的路上，心中卻覺恍若隔世。面對一樣的路徑，卻有兩樣的心情。

走了兩個多月，終於走上分隔南北的大庾嶺。

「翻過大庾嶺，就回到我熟悉的家鄉了。」惠能心頭滑過一股暖流。嶺南溫暖而潮濕的氣候，自然翠綠的景致和淳樸的民情，都是他熟悉而懷念的。

「能回到屬於自己的地方，眞好！」惠能心情轉爲輕鬆愉快，沿途不覺靜靜地欣賞著久違了的風土民情，腳程也緩了下來。

「看到了，看到了，在前面哪！」

「快呀！別讓他跑啦！」

山下忽然傳來陣陣嘈雜的喊叫聲。

惠能回頭下望，見到一小隊僧侶正在山腳下朝他指指點點。

「莫非是同門師兄弟們追來了？」惠能心頭一震，腳下不覺加快了些。

「快，快！他要逃走了，快把他追回來！」山下的聲音喊得好急切。

「看來，師父的臨別贈言『自求多福』開始驗證了！」惠能心中調侃著自己，一面更加快腳步向上爬去。

追趕的人群中，跑在最前面的僧人法號惠明，曾當過四品軍官，是個會武功的魯莽粗人。

他看見惠能一路向上，若隱若現的身影，便回頭告知同伴：

「我先上去把他逮住，你們隨後再來。」然後加快腳步狂奔前去，把其他同門師兄弟遠遠拋在後頭。

「惠能小蠻子，看我惠明來收拾你！」惠明見兩人的距離愈來愈近，心頭不禁得意起來。

惠能跑到一個巨石旁終於跑不動了。想到自己竟因懷中的一襲袈裟，而惹來這一場紛擾，不禁搖頭嘆息。他從懷裡取出袈裟，放在路旁的石頭上，轉頭對緊追在後頭的惠明大喊：

「袈裟是五祖傳法的信物，豈是可以用武力搶奪的呢？即使讓你搶到手，有衣無法又有什麼用呢？」說完即藏身於路旁的草叢中。

惠明趕上來，望見石頭上的袈裟，得意地大笑：「哈哈哈，我拿到袈裟了，袈裟是我的了！」惠明伸手去拿袈裟，可是竟然拿不起來。

「咦，不過就是一件袈裟而已？怎麼會這麼重？」惠明起先只用一隻手，後來雙手合力使勁兒，最後連腳都頂上了，還是撼動不了它半分。

看來很輕、很薄的袈裟，好像在石頭裡生根似的，怎麼拔都拔不動。以自己的武功，實在沒道理……，惠明百思不得其解……。

「莫非，惠能眞的得到師父眞傳，成爲禪宗六祖，所以才承受得起代表祖師的袈裟。而我，因爲根性尚淺……。」

想到這兒，惠明雙腳一軟跪了下去，恭敬地又拜又喊：「惠能行者，請快

出來，我是爲求佛法而來的，並不是要搶袈裟啊！」

惠能聽出惠明的語氣誠懇，便從草叢中緩緩走出，盤坐於巨石上。

惠明恭恭敬敬地朝惠能頂禮一拜，請求道：「還望惠能行者爲我說法。」

「你既然是爲求法而來，就放下萬緣，摒除雜念，好好聽我說。」

「是！」惠明點頭道。

沉吟了好一會兒，惠能行者開口道：

「不思量善，也不思量惡，這時，請問惠明上座你的本來面目是什麼？」

惠明聽了猛然一驚，彷彿一輩子都沒有聽過如此震撼的言語。他又問：

「那祖師們所傳下來的密語密意，還有更多別的嗎？」

惠能答：「密語密意若能說給你聽明白，就不是密語密意了！你若能時時反觀內心，自照本性，密語密意就在你隨手可得的地方，何必多問？」

惠明聞言，當下獲得大徹大悟。他反觀自心，發現自己雖出家多年，內心其實仍沒脫離俗世的功名利祿，從來也看不清自己的眞實面目。如今，惠能這一席話，讓他重新認識自己，放下種種執著，心裡一片坦蕩光明。

「修行的滋味眞是如人飲水，冷暖自知。惠明心中的法喜是無法對外人道的。從今天起，行者即惠明的再造恩師！」惠明有一種重生的喜悅。

「咱們共同師事五祖弘忍，是菩提道上的同修道友。今後更要精進修行，好好弘揚佛法，護持佛教。」惠能期勉著惠明。

兩人正談著，追逐嘈雜聲卻也愈來愈近。惠明趕緊對惠能說：「後頭的人追來了，您快快離去，讓弟子打發他們吧！」

惠明說完，恭敬地拜別惠能，返身下山，迎向正上山的眾師兄弟們。他告訴大家：「這附近方圓百里我都已經找過，完全沒有半個人影。咱們再到別處找找看吧！」說完，領著大夥兒朝相反的方向走去。

翻越大庾嶺後，惠能回到自己熟悉的嶺南。爲了躲避師兄弟們的追逐，他不敢暴露自己的身分，避開官道，專撿小路走。

一時間惠能不知該何去何從，只謹記師父的指示，努力地朝南走。

❖註釋❖

❶本來面目：指放下了自我中心的執著，心無所住、念無所繫，用來說明人人本具，又稱本地風光。

❷明心見性：以智慧來覺知自己真實的本性。

❸眾生：又稱有情、含識（含有心識者）、群生等，指自然界中一切未脫離煩惱的生命。

05

落腳曹溪

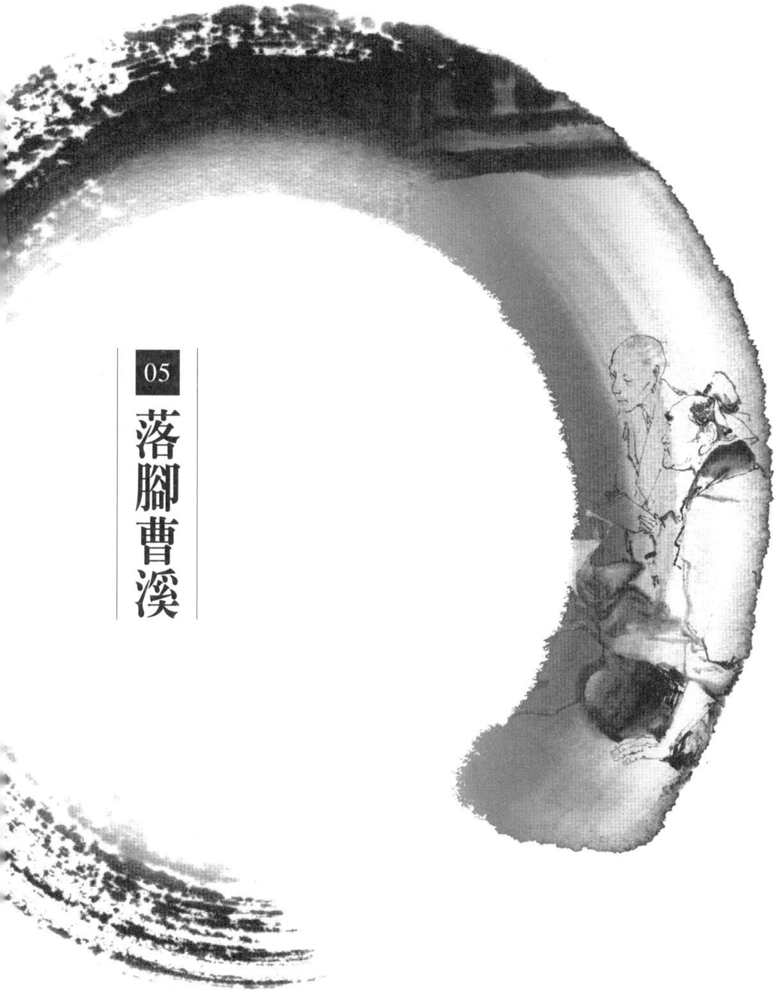

這樣曲曲折折地來到山明水秀的曹溪。曹溪邊上有個恬靜的小山村，名喚曹侯村。惠能信步踏進村裡，想找戶人家討杯水喝，順便歇歇腿。

他看見一間虛掩著柴門的小屋，便走上前去敲門。

一個黝黑的壯漢，聞聲而出，看見風塵僕僕的惠能，露出驚訝的表情來。

「這位大哥，小弟……。」惠能話未說完，那位壯漢馬上現出莊稼人純眞熱情的本性，熱絡地招呼著他：

「是出外人吧！看兄弟這身塵土，想必已經走了一段好長的路，快進來歇歇腳，用點茶飯。」

惠能一路行來都是孤獨地趕路，乍然受到這位壯漢的熱絡招呼，突然有種回家的親切感。他謝過壯漢，步入屋內，接過壯漢捧來的冷泉水，大口大口喝了好幾大碗，讓沁涼甘甜的山泉順著喉嚨滑進胸腹，祛除了身體裡的暑氣。壯漢還爲他準備一些簡單的飯菜，他也吃得津津有味。

得到水分與食物的補充，惠能很快恢復了體力，和那位壯漢聊天後，才知道他叫劉志略。

兩人在廳上閒聊的當兒，惠能不時聽到屋後傳來一陣陣規律的誦經聲。惠能已經有好一段時間沒有聽到熟悉的誦經聲了，他不禁側耳傾聽。

劉志略瞧見了惠能靜默肅穆的專注神色，便告訴他：

「在內室誦經的是小弟的姑母，姑母已落髮為尼，法名無盡藏。」

惠能認眞聽了一陣子後，告訴劉志略：「在下聽無盡藏比丘尼誦《大般涅槃經》時，感覺似乎偶有不盡順暢之處，不知是否對部分經義不太了解？」

劉志略聽了惠能的問話，心裡非常高興，他說：「小弟不知道先生對佛法也有研究，實在失敬！」他起身拱手說道：「不如我這就去請姑母出來，向先生討教討教。」說著，便走進內室。

不一會兒，一位灰衣尼師手捧經書來到大廳。她向惠能合掌，然後將經書打開，指著其中一行字說：「這段經義貧尼不甚了解，盼先生代為解惑。」

「我不認得字，所以你不必指給我看，」惠能笑著告訴無盡藏：「你只需把不了解經義的地方念給我聽，就可以了。」

「不認得字，怎麼可能了解經義呢？」無盡藏比丘尼臉上浮現訝異的表

情。

站在旁邊的劉志略也是一臉驚奇。

「佛法眞諦其實與文字無關。文字只是告訴人們什麼是佛法，以及可以用哪些方法修行，但它們本身並不就是佛法。」惠能看了兩人一眼，見兩人臉上茫然的表情，便繼續說：

「好比你用文字形容一朵白梅，即使你說得多麼仔細、多麼貼切，那些形容梅花所用的文字，仍然不是梅花本身。倒是不認得字的人，直接用心去觀看梅花，那種不受文字拘限的體會，反而更接近眞實。」

「啊！先生說的是！」無盡藏比丘尼臉上有種豁然開朗的喜悅。

劉志略也是滿臉的欣喜，他等惠能對無盡藏比丘尼說法告一段落後，告訴惠能：「曹侯村裡有許多有心向佛的村民，只是一直盼不到高僧大德前來指導，不知道先生您願不願意留在村子裡，爲村民講經說法。」

「是啊！曹溪上游有座建於梁朝的古剎，名喚『寶林寺』，是個適合修行的清幽處所。雖然曾經歷戰火的洗禮，使它外表毀損，但我相信，只要村民們合作，有錢出錢，有力出力，必定可以重建寶林寺。」無盡藏也提出自己的意見。

「可是……。」惠能想到師父弘忍和尚臨別的指示：「逢懷則止，逢會則藏」，想到曹溪、曹侯村既非「懷」，也不是「會」，似乎不是應該久留之地，便打算推辭。

「您就別再推辭了吧！」劉志略與無盡藏一再挽留，堅持不讓惠能離去。

「也罷！」惠能說：「既是你們如此熱情相邀，就暫且住下，畢竟隨緣度眾也是功德一件！」

「太好了！曹溪的居民有福了！」姑侄倆高興地領著惠能，溯溪而上，去探訪藏身於淙淙水聲、沙沙樹聲，與蟲鳴鳥叫聲中的寶林寺。

惠能見掩映在巨木叢林中的寶林寺，環境的確很清幽，心裡很喜歡。想到此後不必再奔波勞頓，心裡更開心。

「重建寶林寺的這段時間，您如果不嫌棄，就先暫住寒舍……。」劉志略的話還沒有講完，無盡藏接著說：「是啊！貧尼還有好多疑問想向先生請益。」

重建寶林寺的消息很快傳遍全村，村民們都興高采烈地進行這項工程。惠能自己也挽起袖子，跟著大夥兒一起挑磚塊、搬木頭，共同分擔重建寶林寺的工作。起先，村民不忍心讓身形瘦小的惠能動手做粗活，他們總是說：「先生，您去休息，這些活兒，讓我們來就可以了。」

然而，惠能一再堅持：「佛法本來就應當從日常生活中練習，怎麼可以沒有勞動而坐享其成呢？」

村民們見惠能的態度很堅定，一點兒也不肯讓步，只好讓他繼續參與勞動。而村民們的心裡，也對惠能的身體力行，有了更崇高的敬意。

惠能經常利用工作時間，聆聽村民心裡的困惑，適時加以開示，或者將自己修行上的心得說與大家分享，因而與村民建立起良好的情誼。他們的身體雖然勞累，心靈卻非常豐盈，對於寶林寺的重建更懷抱無比的信心。

終於，寶林寺完成了重建工作，並再度燃起了氤氳的香火。

惠能也在大家的期盼中，開始講經說法。

雖說，他大字也不識得一個，甚至連出家人正式的名號都沒有，可是對惠能的修爲崇敬有加的村民們，並不在乎這些。在這段日子的朝夕相處中，村民們深深喜愛他親切的說法，以及生活中隨處的開示。

他們明白，佛法是沒有貴賤尊卑之分，任何人都可以學的，因爲每個人都有佛性，只要經常反觀內心，就能發覺到自己的本性。

以寶林寺爲家的惠能，處處受到村民的照顧，不必再餐風露宿，更能專注於自己的修行定課，日子自然過得快慰又滿足。

平靜地歲月無聲地溜過，轉眼間，惠能在寶林寺已住了九個月。這天夜裡，惠能像平常一般早早就寢。睡夢中，聽到後山傳來陣陣嘈雜的人聲。惠能悄悄起身，來到殿後。就著月光，他看見一小群拿著火把的光頭僧人，正逐漸逼近寶林寺。

「師兄弟們終於追來了，沒想到和村民們的緣分如此短暫。不能親自和大家道別，眞是對不住……。」惠能帶著愧意，收拾起簡單的行囊。

將木棉袈裟藏入懷中，然後躡步走出寶林寺，快速遁入林中……。在星光與月光的襯護下，繼續南下逃亡的旅程。

明亮的月光照亮了惠能前行的路途，鳥叫蟲鳴像悅耳的旋律，和緩了趕路的心。徐徐夜風的吹拂下，惠能雖然不知自己將何去何從，卻沒有惶惶然的憂心。對於未來，只以坦然的心面對。

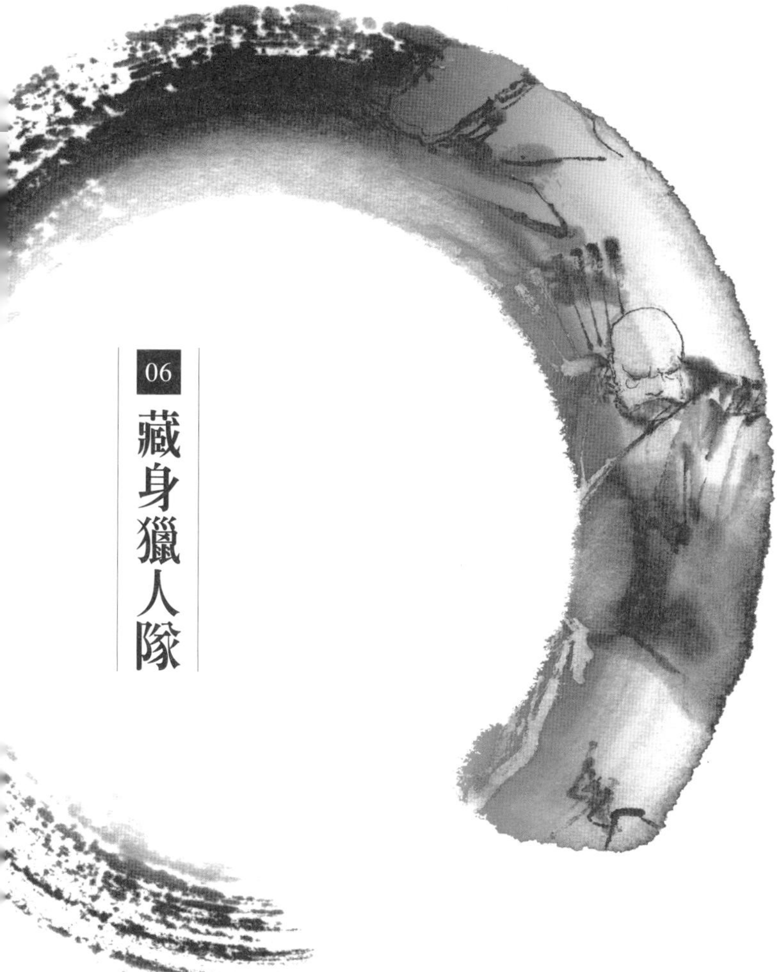

06 藏身獵人隊

走著走著，來到了一個荒僻的山村，名喚四會。

「四會！」惠能乍聽村名，心頭一緊，師父的臨別叮嚀忽然在耳畔響起：

「你一路南下，逢『懷』則止，遇『會』則藏，就沒有錯了！」

「既是師父的指示，我就暫時隱身四會這兒，等時機因緣具足！」

正想著，迎面來了一隊獵人。獵人背著剛捕獲的野鹿、兔子和山豬等獵物，一路唱著山歌，神情愉快而滿足。

「咦，你是誰，到這荒山野地來做啥？」一位帶頭大哥喳呼著詢問惠能。

「在下盧惠能，原是新州人，目前雲遊四方，正不知該往何處去？」惠能老實說道。

「山路相逢，合是咱們有緣。如果小兄弟你不嫌棄，倒是可以和我們這些大老粗一同過活，等想清楚該往哪兒去了，再走吧！」

「既然如此，惠能在此先謝過大哥！」

唐高宗龍朔二年（西元六六二年），得到帶頭大哥相邀，二十五歲的惠能便藏身於獵人隊中，展開山野為獵的生活。

由於惠能的身子瘦弱，大哥並不勉強他做粗重的活，只讓他做些砍柴、升火、煮飯等雜活；偶爾，也會派他去巡視隊員們放置的獸夾或陷阱，讓他把被陷阱捕獲的獵物帶回來。

惠能認眞做著分內的每一項工作，對自己的修行也絲毫不放鬆。他知道，修行人能悟道❶，只是代表一個階段的成果。開悟之後，更要精進修行，才能使智慧更增長。藏身獵人隊不是惠能終生的打算，畢竟自己繼承禪宗衣缽，是爲了要弘揚佛法，將佛法永遠的流傳下去，所以，更要努力……。

儘管獵人隊的大哥們對待惠能十分友善，他的心中卻有一件十分困擾的事，那就是巡視捕獸夾和陷阱的工作。

「佛門戒律中，殺生是不慈悲的行爲，應該禁止。但是在獵人隊中，獵物卻又是他們維持生活的依靠；自己寄身於此，受諸位大哥的照顧，已經無以爲報，若是又不顧他們的交託，簡直說不過去……。唉！眞是難啊！」

這件事讓惠能的心裡一直矛盾、衝突著。

每回，當惠能走到捕獸夾邊或陷阱邊，看到落難的動物受傷而皮破血流，

心中總隱隱抽痛。有時，瞧見落難動物驚惶悲悽的眼神，更是不由自主地鬆了陷阱，放動物生路。

雖然愧對獵人隊的諸位大哥們，但眼見一隻隻動物，在他手中重拾生命、重獲自由，惠能心裡還是有著說不出的安慰。

然而，日子一天天過去了，一開始，獵人隊的兄弟們，見惠能總是空手回來，以爲是他運氣不好，並沒有去責怪他。漸漸的，也免不了開始懷疑了。有的人悄悄去檢查獸夾和陷阱，確定它們都沒有故障；也有人發現了捕獸夾上，有落難動物遺留的毛髮和血跡；陷阱上也見著動物曾落入的痕跡。於是，大家開始懷疑：

「難道，是惠能那小子把獵物統統給放了？」

眾兄弟們也不說破，他們決定跟蹤尾隨在後，希望來個「人贓俱獲」，讓惠能啞口無言。

終於，在惠能又一次釋放小動物時，帶頭大哥領著兄弟們從他背後跳出來，氣得破口大罵：「混帳，你爲什麼把我們辛辛苦苦捕到的獵物給放了？」

「大哥，請息怒！」惠能沉靜地解釋：「我實在沒辦法眼睜睜看著這些可憐的動物就這樣死去，所以，就放走牠們了。」

「哇！看不出你這小子這麼有慈悲心！」另一位獵人兄弟挖苦他：「既然你有這樣的慈悲心腸，爲什麼不到廟裡去當和尚，要和我們獵人隊爲伍？難道你不知道，我們獵人的活兒就是殺害動物嗎？」

「惠能非常感謝各位大哥的收留，因此，總也認眞工作，好盡力回報各位的恩情。」惠能誠懇地說出自己的處境：「只要是無關乎殺害生命的砍柴、燒火、煮飯……等工作，惠能都願意盡力去完成。唯獨看獸夾和陷阱的工作，實在讓在下非常爲難。」

「難怪，你從來不吃肉，專撿青菜吃。」帶頭大哥似乎沒有眞要爲難他的意思，他持平地說：「我看，以你這副慈悲心腸，應該到廟裡去當和尚才對，實在不應該跟我們這群滿手血腥的獵人鬼混！」

「大哥既然提到了，惠能也不好再加欺瞞。其實，惠能來到四會之前，確曾在佛寺裡住過一段時間，因爲遇到了一些困難，才遵照師父的囑咐，暫時隱藏在這片山林裡頭。」

「咦，前些天我到鎮上去賣獵物，曾聽人說，禪宗六祖惠能，承繼五祖弘忍和尚的衣缽，被同門師兄弟追捕，如今，六祖已經不見人影。」帶頭大哥意味深長地看了惠能一眼，心想：「這個自稱雲遊四方的惠能，倒像個行腳僧，難道……。」

他心中起了很大的疑問：

「莫非，你就是那個傳說中的六祖？」

「大哥說得沒錯，」惠能從懷裡掏出袈裟，告訴獵人兄弟們：「這件木棉袈裟就是五祖傳位的信物。師父早料到師兄弟們會有不利在下的舉動，所以要我連夜南下，藏身四會，等日後時機成熟，再現身弘揚佛法。」

「你眞的是禪宗六祖惠能？」獵人兄弟們有的不敢相信，睜圓了眼睛；有的非常好奇與驚訝，每個人都爭著摸摸惠能手上的袈裟，發出一遍遍讚歎的嘖嘖聲。

在一陣訝異與吵雜聲中，帶頭大哥覺得應該站出來展現一下做大哥的權威，於是他清了清喉嚨，開始發表意見：「兄弟們，六祖惠能既是我南方子民，受到北方人無理的欺侮，咱們理當保護他，讓他免除生命的危險，對不對呀？」

「對！對！我們要保護南方的祖師！」兄弟們以高昂的情緒應和著。

「惠能既然是佛門中人，咱們就不再派他巡視陷阱，免得讓他心裡爲難！」

「好！好！我們自己去守陷阱就好了！」

得到眾兄弟的回應，帶頭大哥很滿意地點點頭。

「謝過各位大哥的包容，惠能定當努力做好分內的工作，以回報各位的恩情。」惠能感激地說。

帶頭大哥又說話了：「咱們當獵人的，本來就以殺戮爲生，可不知道該如何做，才能與慈悲爲懷的六祖您共同生活，請大師爲我們開示開示吧？」大哥搔著腦袋，一副不知道該怎麼辦的模樣。

「大哥您不必緊張。」惠能說：「人世間有各種不同的行業，每一種行業都是順應人們的需要而產生的。各位大哥日後獵捕時，只要心存一念仁厚，不濫捕幼小的動物，不濫殺懷孕或正在哺乳的媽媽動物，身上的罪孽就不會那麼重了。」

經過惠能的這番開示，眾兄弟們心情比較輕鬆了。他們打獵時也都按照惠能的指示去做。而惠能也常常在日常生活中，就自己的觀察，提醒隊友們該注意的事項，或就自己對生活的體驗，與隊友們分享……。

惠能與山林獵人隊友們共相處了十五年之久，十五年來，不僅惠能的修行更爲精進不懈，連每日與山林爲伍、以獵捕維生的獵人隊友們，粗獷的臉龐中也漸漸有了祥和的神色，談笑間對大自然和其他物種，充滿了民胞物與的包容態度。

眼見獵人隊友們有如此良性的轉變，惠能心裡很安慰，他常想：「師父要我南向弘法，就是要我回到自己的故鄉，爲我所熟悉的良善樸拙，卻缺少教導的鄉親們宣揚佛法吧！」

這一日，惠能在屋外取柴升火時，懷裡的袈裟忽然探出一角。惠能輕輕掏出袈裟，在豔陽中展開，金黃色的袈裟在惠能眼前一片燦然。

想到藏身獵人隊十五年的心得，惠能忍不住告訴自己：「是時候了！該邁開步伐，展開弘法的未來了。」

辭別獵人隊，離開四會山寨，惠能重新走回人群的時候，已經沒有當年的倉惶與不安。十五年的歲月洗禮，讓惠能更堅定自身的信仰，對佛法的了悟也更上層樓。

他坦然地走在人群熙攘的大道、小路上，不再擔心同門師兄弟的追逐與劫掠。頭頂上的陽光，曬得他身體暖洋洋的。

惠能心想：「過去，佛法多半在北方的知識分子間傳揚，而少及於嶺南。其實，嶺南鄉親們受到的知識教育雖不及北方人多，但他們清明純淨的心地，卻並不比北方人差。我得好好在這塊土地上弘揚佛法，讓南方子弟們也有機會享受佛法的滋潤。」

惠能走啊走的，終於走到了廣州法性寺，展開另一階段的弘法歷程。

❖註釋❖

❶悟道：即明白世間萬物最終唯一的真理。

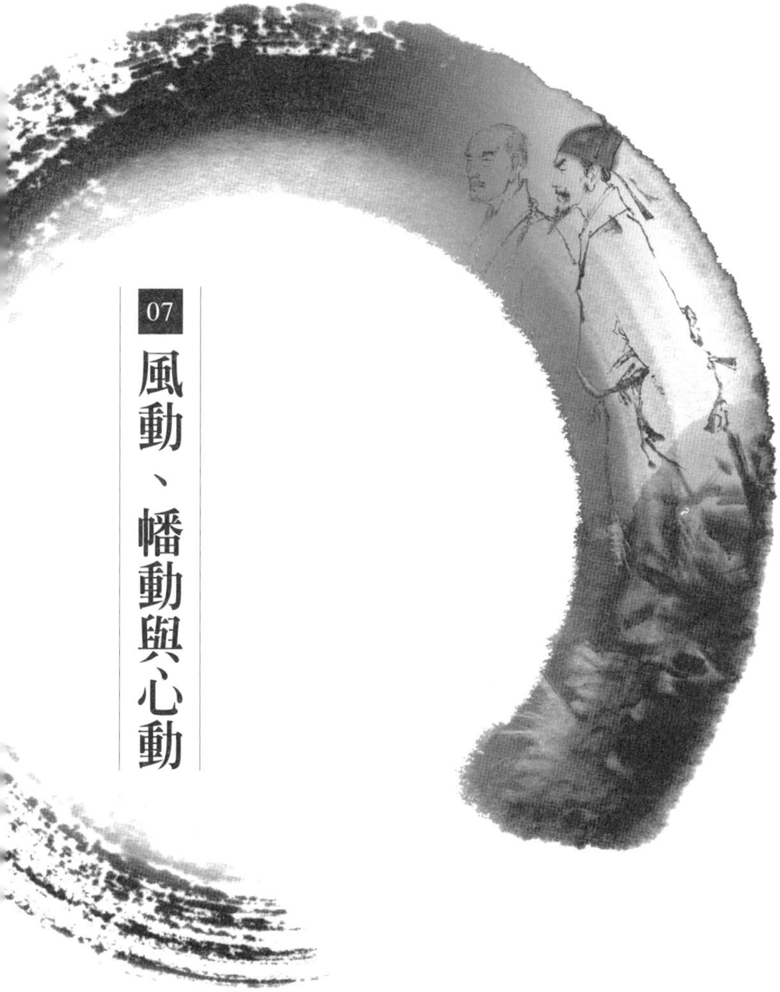

07

風動、幡動與心動

唐高宗儀鳳元年（西元六七六年），惠能抵達法性寺時，住持印宗和尚正在大殿上向門徒們講解《大涅槃經》。

惠能沒有驚動大家。他悄悄加入大夥兒，坐在大殿後頭，靜靜聆聽印宗和尚的講道。

忽然，屋外響起強勁的呼呼風聲。大殿外的旗幡在勁風的拉扯中發出「破——破——破」的聲音。拉扯聲隨風貫入大殿，影響了印宗和尚講道時的寧靜。

一位僧人忍不住抱怨：「好大的風，把旗幡吹得搖擺不定！」

「是旗幡本身在動吧！跟風有何干係！」另一位僧人立刻反駁。

「明明是風吹幡動嘛！」原先的僧人不服氣道。

「是旗幡自己在動！你沒看見嗎？」

「是風動！」

「是幡動！」

兩位僧人的爭論聲愈來愈大，吸引了大殿上眾人的目光。

忽然，一陣低沉的聲音自眾僧後頭傳來：「不是風動，不是幡動，是你們兩位僧人的心在浮動。」說話的人正是惠能。

眾僧聽了都是一陣驚訝，大家回首張望，只見說話的是他們所不認識的陌生人。一頭濃密的黑髮，身穿一件灰樸樸的舊衣裳，陌生人看起來像經過一番旅途奔波，可是目光如炬的臉龐，卻不見絲毫困頓的神色。

從他的話中，大家覺得他是一位很有修行的人。可是，那風塵僕僕的模樣，又不像是佛門中人，因此心裡都疑惑地猜著他的來歷。

「你是從哪兒冒出來的？」一位性急的僧人冒失地問道。

惠能還未開口，印宗和尚已經從講壇上起身，緩緩走到惠能面前，雙手合十，恭敬地問道：「剛才聽到『心動』之說，心裡非常佩服。早已聽說，禪宗衣法已經南下，難道您就是我們早晚祈盼得見的禪宗六祖惠能？」

「不敢相瞞，在下正是盧惠能。」惠能也起立，謙虛地回答。

「嘩！他就是大名鼎鼎的禪宗六祖耶！」大殿上的眾僧一個個瞪大了眼睛，驚叫出來。他們壓根兒沒有想到，眼前這位貌不驚人的陌生人，居然就是傳說中的禪宗第六代祖師。

大殿上的眾僧也不免議論紛紛起來了：

「不知道五祖弘忍和尚傳位的信物——木棉袈裟長得什麼模樣，竟惹得憑墓山東禪寺的僧眾一路追攔。」

「就是啊！不知道他到底是眞六祖，還是假六祖？只有看了袈裟才能辨明眞僞！」

「……。」

印宗和尚自己也很想看看傳位的信物袈裟，可又覺得若冒然提出請求，只怕會冒犯了六祖。因此，一時間心上仍猶豫著，不知道該怎麼辦？

惠能沒有多說什麼，沉靜地從懷裡掏出那件木棉袈裟，在大殿上輕輕展開。

剎時，殿內一片金光閃耀。大家只覺得眼前一片耀眼的光影閃動。

「哇！眞是稀世珍寶！」

「今日終於得見禪宗之寶了！」

「聽說這件木棉袈裟是禪宗第一代祖師，達摩祖師從天竺帶入中原的。」

「……。」

讚歎的聲音紛紛從不同僧人的嘴裡吐出，充滿了大殿上每一個角落。

惠能又靜靜折好袈裟，放進懷裡。

看過了袈裟，惠能六祖的地位不再受到懷疑，大殿上每一對眼睛都不自覺地添加了敬畏神色，重新看待惠能。

「不知道五祖傳位時，有沒有提到，修行者應該注意的事情？」印宗和尚恭敬地請問惠能：「煩請惠能大師也能告知，以引度法性寺眾僧。」

「傳位當時，五祖弘忍和尚並沒有太多的指示。他最強調的，就是要明心見性。而明心見性是可以經由日常生活的修行求得的。如果能在食衣住行之中，悟到眞如本性，自然也可以求得佛道。」惠能說得很誠懇。

「大師輕輕鬆鬆一句『明心見性』，點破了貧僧心頭多年的疑惑。與大師的金玉良言相較，貧僧過去所講的，簡直就像瓦礫糞土般粗劣。」

印宗雙掌合十，恭敬地提出自己的請求：「大師何不在此駐留，以法性寺

爲弘法道場，正式展開六祖傳法的機緣？」

「恭請六祖留駐法性寺！」大殿上的眾僧全部跪倒在地，向惠能禮敬一拜。

「既然和尚好心收留，惠能就恭敬不如從命！」惠能說完，不忘調侃自己：「只是，我這身灰頭土臉的模樣，如何上得了說法台呢？」

「大師若不嫌棄，就讓弟子爲您剃度，好讓您自即日起，成爲出家人。不知大師意下如何？」印宗大師態度虔誠而敬謹。

「多謝法師成全，阿彌陀佛！」

於是，惠能在繼承禪宗道統的多年以後，才剃度受戒，成爲眞正的出家人。並以六祖之尊開始講經，向眾生宣揚佛法。

禪宗六祖惠能大師在廣州法性寺宣揚佛法的消息，很快傳揚開來。崇尚佛法的善男信女從四面八方湧向法性寺，希望能聽聞六祖惠能說法。

來聽法的人有各式各樣，不論男女老幼，貴賤尊卑，每個人的心裡都有一個共同感想：惠能大師所傳之法簡單易行，不必要讀很多書，不必要參禪、面壁、打坐……，只要在日常生活中時時觀照自己的心，就有悟道的機會。

惠能以一介不識字的樵夫而能成爲禪宗六祖，他本身的際遇，對嶺南純樸的百姓來說，是不可思議的，也是非常了不起的。再加上他的說法平易近人，因此，很能獲得嶺南人的認同。一時間，嶺南地區的佛法大大地盛行起來。

向惠能求教的，不只是一般尋常百姓，連地方上的官員，也會恭敬地到法性寺向惠能請求開示。

曾在弘忍法師面前發願要廣度有情眾生的惠能，對於有心向佛的人，他都盡心盡力、因材施教。

一天，韶州刺史韋璩帶著幾位貼身的隨從，到法性寺向惠能請益。

惠能告訴韋刺史：「修行最重要的，就是清心寡欲。只要讓自己的心靈隨時保持澄淨，不受外界功名利祿的誘惑；平常時候，常念『摩訶般若波羅蜜多』就會有很好的修行成果了。」

「就這麼簡單嗎？」韋刺史似乎不太滿意。

「是的，學佛就是這麼簡單。」惠能進一步告訴韋璩：「每一個人，自身本具的佛性都是一樣的。之所以會有愚、智之分，實在是對俗世的迷戀和執著的程度不同罷了。如果日日誦經、天天坐禪，腦海中卻仍戀棧俗世的功名或利祿，對自己的機遇與造化始終無法釋懷，這樣便永遠無法解脫；反之，誦經時，將經義了解後，身體力行，確實做到去我執，去俗念，那麼，就會一步步悟得佛法。」

韋刺史聽罷，又提出他心中多年的疑惑：「大師講道但求明心見性，不見形式，那麼，一般學佛的人所說的『坐禪』、『禪定』又是怎麼一回事呢？」

「所謂『坐禪』，當面對外在一切好壞境界時，能心念不起，是爲『坐』，向內見到自性如如不動，是爲『禪』。」惠能說。

「至於『禪定』呢？向外不執著於表相，爲『禪』；向內心不亂，爲『定』。也就是面對任何外在的境界內心不亂，便是眞正的禪定。」

韋刺史恍然大悟，臉上閃現豁然開朗的光燦，開心地說：「今日聽聞大師

一席解說，頓時揚去心中多年的疑惑。日後，在下當知如何行止，不再日日受俗世雜念的牽絆了。」說完，領著隨從，神情愉快地步出法性寺。

日子就在講經說法中，日復一日的過去。這段期間，惠能一面專心地宣說佛法，一面也在觀察印宗和尙的修行進境。從朝夕相處中，惠能發現，一直精進不懈的他，已經成爲一位性格沉穩、身心清明的有道高僧了。惠能大師心想：「印宗既已能獨當一面，我離去的時間也應該到了。」

一天，惠能收拾好簡單的行囊，悄無聲息地離開法性寺。

這時，浮現在他腦海中的，是曹侯村的寶林寺，及劉志略、無盡藏和許多村民和善親切的面孔，惠能心頭滑過一股暖流。

「曹溪眞是個親切的好地方！」一想到馬上就要見到老朋友，惠能不覺邁開大步前行。

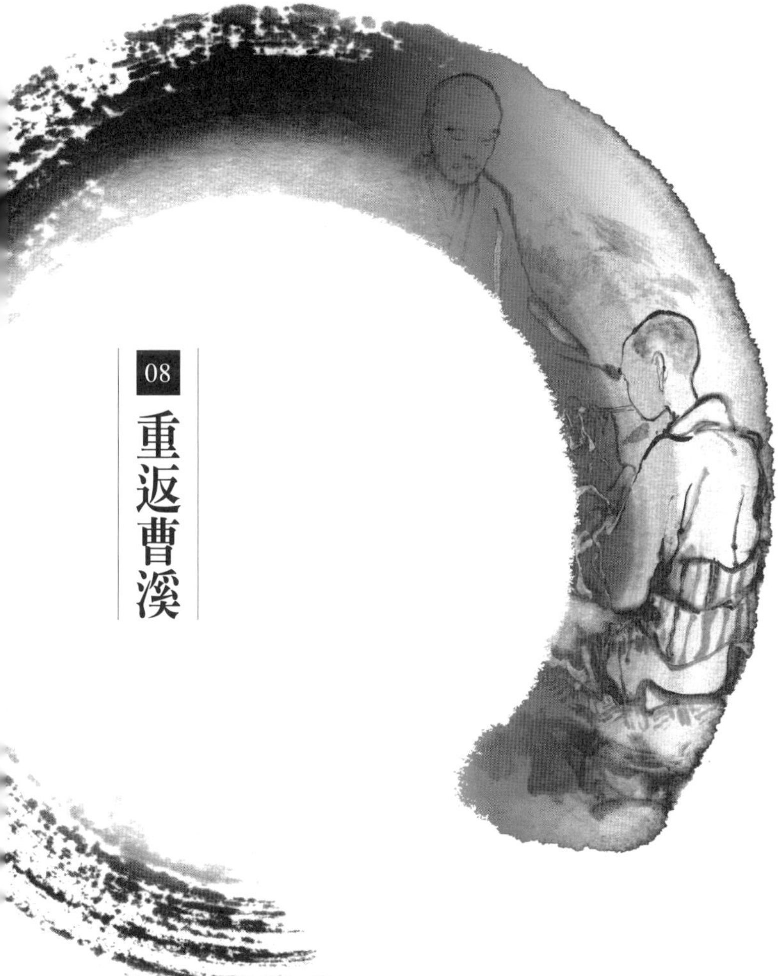

08 重返曹溪

這一趟回返，惠能以六祖之尊，昂首闊步於大官道上。其實，值得高興的，不是六祖這個名位，而是惠能經過十多年的歲月洗禮與歷練，終於成爲一位思想圓融、道心堅毅的大法師，並以禪宗六祖之名公開說法，讓每個人都受益。

亮麗的豔陽天，惠能走在廣州通往韶州的大官道上，熙來攘往的人群中，每個人都有自己的方向。惠能的方向就是前面的曹侯村……。

人世的因緣眞是不可思議，惠能大師踏進曹侯村，第一個遇見的人，竟然也是十多年前那個熱情招呼他的好心大漢劉志略。只是，當年那個黝黑的壯漢，如今已略有中年人的滄桑了。而且，也不認得現出家相的惠能大師。

「久違了！老朋友！」惠能對著他露出孩子似純眞的笑容。

劉志略露出訝異的表情，好半天才回過神來，歡呼道：

「惠能大師，您回來啦！唉呀！太好了！太好了！」正說著，一旁的村民們也都發現了惠能的到來，全部歡天喜地地聚攏過來。

「惠能大師，我們聽聞您在廣州法性寺剃度爲僧，正式以六祖之尊弘揚佛法的消息，就天天祈禱，盼望大師能早日回返寶林寺。」村民熱情地挽著惠能的手走向寶林寺，邊走邊說：

「總算皇天不負苦心人，終於把您給盼回來啦！」

沿途，其他村民見到惠能回來了，都放下手邊的工作，加入這支往寶林寺的隊伍。

「大師，您這次回來，可不准再離開囉！」

「對，對，我們曹侯村的村民，說什麼也不讓您走了。」

「……。」

村民們你一句、我一句，說的都是欣喜重逢與挽留的話語。

「謝謝大家，貧僧這趟回返寶林寺，有長住久安的打算。短期內，不會再出走了。」惠能篤定地回答。

「那眞是太好了！曹侯村民們如果知道了，一定要稱慶是佛祖保佑了！」

在眾人熱情的交談中，不知不覺地來到寶林寺。惠能挽起袖子，和大夥兒一道歡歡喜喜地開始打掃清理寶林寺。

大家都了解惠能法師一向的作法，所以並不阻攔他，只是和往常一樣，心照不宣地撿沉重、耗體力的工作去做，貼心地留下輕便的工作給惠能。

全村動員下，眾人花了幾天的時間，將荒廢了十餘年的寶林寺重新整理好，使它終得重新推開三門，以更清淨、莊嚴的面貌，展現在眾人前面。

「恭請禪宗第六代祖師惠能大師上座！」人群中，有人朗聲宣告。

「阿彌陀佛——」眾人異口同聲地說，餘音在大殿上迴繞不已，莊嚴的氣氛讓許多人感動得紛紛落淚。

惠能環顧四周，見到的是一對對熱切期盼的眼神，他沒有虛偽的推辭，低頭整理好衣裳，態度從容地坐上大殿的講壇，接受信徒的頂禮。

自從惠能以六祖之尊進駐寶林寺後，曹侯村這個僻靜的小村莊，轉眼間成爲人盡皆知的佛教重鎮。每天有許多想瞻仰大師風範的善男信女，紛紛遠道而來，前來拜師的各方僧侶也絡繹於途。

一天，寶林寺的知客僧向惠能稟報：「有位名喚法達的沙彌來禮拜和尙。不過，他的態度很傲慢，令人很不舒服。」

「去請他進來吧！」

法達隨著知客僧到達惠能面前時，只隨隨便便點了頭，便權充禮拜過了。

惠能見法達這樣無禮，並不生氣，只淡淡地說：「如此輕慢、缺乏誠意的禮拜，一點兒意義也沒有。倒不如不要這樣虛僞的外在形式，不是反而落得清閒嗎？」

法達對惠能這番訓誡，完全無動於衷，沒有半絲愧色。

「告訴我，是什麼原因讓你這樣恃才傲物，目空一切？」惠能問法達。

法達得意地抬起下巴，朗聲說道：「法達自七歲出家以來，經常念誦《法華經》。如今，已經念過三千遍了。」

「你如果念經一萬遍後，能眞正了解經義，並且身體力行，不因此就自以爲高人一等，那麼，我就收你爲徒，讓你跟隨我的左右。可是，眼下我所看到的你，卻是個只會念經，完全不懂經義的愚夫，還盲目地洋洋得意呢！」

惠能一點兒也不留情面地批評。

法達驕傲的臉龐不覺變色。

「你的法名是什麼?」惠能法師又問。

「弟子法名法達。」

「你的法名雖是法達，但你卻連佛法的邊緣都還沒有到達。」惠能告訴法達：「不要以爲勤於誦經，便可以解脫。其實，眞理是無形無相，不可說的。經文不過是在不可說的情況下，勉強以語言文字來指涉罷了!」

這番話，讓法達收斂起原本桀傲的神情。大師所說的每一句話，都像巨雷般敲擊著法達空洞的心靈，讓他逐漸感到自慚形穢。

倨傲的態度一百八十度轉變，法達說道：「弟子知道錯了!弟子常誦《法華經》，對於經義有很多不懂的地方，因而常心生疑惑，請師父慈悲開示。」

「法達、法達，法雖是通達的，你的心卻不通達。」惠能說完，隨口道出一偈：

心迷法華轉，心悟轉法華；
誦經久不明，與義作讎家；
無念念即正，有念念成邪；
有無俱不計，長御白牛車。

惠能繼續說：「爲師目不識丁，原來並不曾誦過經文，但《金剛經》裡一句『應無所住，而生其心』即能使我入佛知見，所以說啊！讀經次數的多少，並不代表你悟道多少啊！」

法達聽完惠能開示，不覺「撲通」雙膝跪地，深深地一拜。起身時，竟然已淚流滿面，他又喜又悲地說：「感謝師父的開示，法達誦經多年，一向被法華所轉，從不曾轉過法華，平白耗費多年光陰還自以爲了不起。今日聞教眞是永世受用，請讓法達隨侍大師身旁，以報師恩。」

「起來吧！」惠能嘴角泛起笑意，他很高興法達能自內心的迷障中解脫。

此後，法達在惠能的一次次開示中深受啓發，成爲傑出的「念經僧」，並

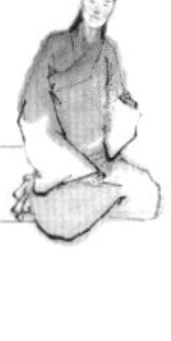

逐步學習將佛經的道理於生活中印證，終於日有精進。

＊　＊　＊

望著萬里無雲的清朗晴空，惠能忽然想到，弘忍和尚傳給他的木棉袈裟，已經好久沒有洗了。惠能返回方丈室，取出木棉袈裟。

「袈裟是傳宗的信物，是第一代祖師達摩大師從天竺帶入中土的，意義非比尋常。我應該到曹溪的源頭，用源頭清淨的活水來洗。」惠能心念轉動，腳下也不怠慢，已經一步步循著曹溪溯源而上。

清澈的溪水引領惠能一路上行，溪邊濃密的花草樹木，不時拂上惠能臉龐，輕拍衣裳。清爽的和風，襯著悅耳的蟲鳴鳥叫，和潺潺的流水聲，讓惠能心曠神怡，以輕快的腳步，惠能大師很快便到了曹溪源頭。

那是一座低矮植被取代了鬱鬱濃密山林的山頭，惠能但覺眼界大開。他朝四周巡視了一趟，心頭讚歎：「眞是個有靈氣的好地方！」

掏出懷中的袈裟，就著曹溪源頭清澈的山泉，輕輕洗濯。洗著洗著，忽然覺得背後似乎有人。

惠能本能地朝後望去，發現身後眞的站了一個遊方僧人。

「貧僧方辯見過大師！」遊方僧恭敬地朝惠能行禮。

沒等惠能開口，他便問：「您一定就是六祖惠能了。大師洗濯的，也一定就是禪宗傳位的信物——木棉袈裟了！」

「貧僧正是惠能。這件袈裟已經有好一段時間沒洗了，趁今天天氣好，便拿出來洗淨汙穢。」惠能和氣地回答。

方辯看自己的猜測沒有錯，便跪地一拜，道：「方辯遠自西蜀南來拜見大師，希望能隨侍大師左右，聽聞佛法，盼大師慈悲，收方辯爲徒。」

「方辯，你一向都做什麼？」惠能沒有直接答應，他反問方辯。

「弟子平日喜歡雕塑人像。」方辯恭敬地回答。

「既然如此，你就爲我塑一尊像吧！」

「可……可是，弟子平日雕塑的都是尋常人像，從來不曾塑過像您這般法性高潔的大師。」方辯竟然有點兒結巴，緊張得不知所措，在徐徐和風中，額頭上冒出豆大的汗珠子。

惠能安慰他：「就以你平日對佛法的體悟來雕塑即可，不必有得失心。」

「是！」方辯不敢太過推辭，只好敬謹地接受了這項考驗。

幾天後，方辯呈上完成的塑像。塑像小巧可愛，比一隻手掌略長，不論形貌、衣著皆唯妙唯肖，儼然惠能縮小的身形。

惠能仔細端詳塑像，好一會兒後，告訴方辯：「你已經能充分掌握人性了，但是，還沒有眞正掌握到佛性。」

原本就緊張不安的方辯，這下更加沮喪了。

「既是有緣，我就收你爲徒吧！」惠能笑著宣布自己的決定。

「謝謝師父！」方辯臉上一掃陰霾，煥發紅光，興奮地頂禮一拜。

「也是咱們師徒有緣，所以在我洗袈裟時遇見了你。」惠能從懷裡掏出木棉袈裟，告訴方辯：「五祖弘忍和尚曾經告訴我，袈裟傳位到貧僧爲止，日後不再以僧衣傳位，以免徒增困擾。今日，這件袈裟就送給你，做爲雕像的

報酬吧！」

方辯恭恭敬敬接過袈裟，在大師的同意下，用自己的塑刀將袈裟分爲三份，一份披在塑像上；一份揣入懷裡保存；一份用草葉包好，埋在土裡。

「日後，如果有人掘到這件袈裟，就是我方辯投胎轉世，重建殿宇，大開普度的時候。」方辯雙手合十，默默朝天發願。

＊　＊　＊

這日，惠能聽說有個十三歲的小沙彌，從湖北荊南的玉泉寺來參拜，他心想：「玉泉寺？不就是神秀師兄主持的寺院嗎？不知道師兄他一向可好？這位名喚神會的小沙彌，又爲什麼千里迢迢，遠從荊南翻山越湖前來呢？」

懷著心中的疑問，他召見神會到殿上。

不一會兒，知客僧領著神會上了大殿。神會年紀雖小，卻有一雙炯炯有神的雙眼，透露出一股桀傲不馴的神情。

「拜見法師！」神會恭敬地頂禮一拜。

惠能問神會：「你遠從荊南南來，一路吃了不少苦吧！」

「還好啦！爲了追隨大師德風，再大的辛苦也是值得的。」神會討好地回答。

「說說看，你這一向修持的信念是什麼呢？」

「弟子一向秉持心中沒有牽掛，見性成佛的道理在修行。」神會滿臉得意的神色，因爲他南下前已經打聽清楚惠能傳法的要訣，心裡也準備好萬一惠能問到這問題，就「現買現賣」。

果然，惠能劈頭就問這個他「充分準備」的問題，所以他自信滿滿地想：「我說的是你平日教的，你一定會覺得我是神童再世吧！」

惠能眼見神會的神情，知道他只是嘴裡學會了佛法的道理，其實內心並沒有眞正體會到佛法的精神，便狠狠地潑了他一盆冷水，數落他：「你這個口齒伶俐、胸無點墨的小沙彌，難道你以爲，賣弄這點小聰明，打打誑，就眞的可以成佛了嗎？」

神會很不服氣惠能這般貶損他，便反問惠能：「和尚平日坐禪的時候，看見了什麼東西嗎？」

惠能知道神會落入文字遊戲的迷障中，便舉起手上的禪杖，打了神會三下，問他：「挨打了，你是痛，還是不痛？」

神會心想：「我必須說個讓他捉不到把柄的回答，才不會露出語病。」

「也痛，也不痛！」他狡猾地說。

惠能順著神會說：「那麼，我坐禪的時候也看見了，也沒有看見。」

「什麼是又看見，又沒有看見？哪有這種答案！」神會忘了是自己開啓戰端，竟然笨笨地去問惠能。

「我所看到的，是自己的過失；我沒有看見的，是別人的是非好惡。所以有看見的部分，也有沒看見的地方。」惠能反手指著神會，訓誡他：「可是，你的也痛也不痛，卻是沒有道理的答案。如果說挨打而不覺得痛，就表示你像草木石頭般沒有知覺，不是個正常人；如果會痛呢？便又顯示你不過是個有痛覺的凡夫俗子。而一般凡夫俗子挨打受痛以後，多半會生出怨懟的

心。既有怨懟心，又怎能叫做『心中沒有牽掛，見性成佛』呢？」

神會聽惠能講得頭頭是道，臉上那股自以爲是的表情不覺收斂了些。

惠能繼續說道：「心若見不到眞理，就該跟著善知識好好修行，心若已了悟眞理，即可自己依法修行。現在，你以朦昧的心來問我是否見到眞理，就算我將了悟的心掏給你看，你也看不懂。所以，何不先問自己是否明心見性，再關心別人？」

吹牛皮被惠能一針戳破，神會羞得面紅耳赤，跌跪在惠能面前，連拜了百餘拜以懺悔自己的愚癡，他慚愧地說：「師父，弟子知道錯了，請您原諒。日後，弟子一定認眞修行，不再賣弄小聰明了。」

從此，他拜於惠能門下，終年跟隨師父左右，勤學佛法。在惠能的調教下，神會日益精進，終於成爲一個有道高僧，廣度眾生，弘揚佛法。

因爲惠能的因材施教，他門下的弟子們開悟的頗多，佛法在南方終能大興。弟子們學成後，雲遊四方，不分大江南北，到處弘揚惠能傳述的佛法要義，惠能的影響力因而遍及中原。

09

南頓北漸

惠能以禪宗六祖的身分，在嶺南傳揚「明心見性」的習佛方法，以「見性成佛」爲指導門下徒眾的最高法則，而不講求坐禪、禪定等工夫。因此，佛教界習慣稱惠能的習佛法爲「頓悟教派」❶，而被稱爲「南頓」。

相反的，神秀在湖北荊南玉泉寺教導的習佛方法，卻要求弟子日日坐禪、誦經，從靜思中反觀自心，講求點滴累積對佛法的認識，以逐漸增加個人對佛法的體驗。因此，人們習稱神秀的教義爲「漸悟教派」❷，而有「北漸」的稱法。

於是，「南頓北漸」便在佛教界成爲兩人所領導的南北兩大佛教教派的代表。

「南頓北漸」的兩位代表人物：六祖惠能和神秀大師，雖曾因傳承宗脈問題而成爲人們談論的對象，不過，兩位大師以極深的修爲，並不會互相排斥，反而時常彼此讚歎。

可是，神秀大師的弟子群中，有許多曾與六祖惠能共同受教於弘忍和尚門下的，卻對惠能一直懷恨在心，經常恨恨地譏諷六祖惠能：「大字不識一

個，居然也敢自稱一派宗師！」

他們總認爲，只有像神秀這般溫文儒雅、飽讀詩書的知識分子，才有資格勝任宗師的地位。他們的內心深處也總認爲，當年的夜半傳法定然是個騙局；一定是惠能搶了弘忍和尚的袈裟後，逃亡嶺南。所以，他們無時無刻不想搶回袈裟，讓神秀大師正名爲禪宗第六代祖師。只是，一直未能如願。

他們眼見，惠能竟以一代宗師之尊，在嶺南大興佛法，講的是與神秀大師完全不同的方法，徒眾卻愈來愈多，名氣愈來愈大。眼見就要把神秀大師主張的「北漸」給比下去了，令他們實在很難以嚥下心中的怨氣。

他們也曾將心中的不平向神秀大師反應，沒想到，大師卻淡然地說：「師父會選擇惠能大師承繼禪宗法統，一定有他的道理。惠能對佛法的體認必然遠在你我之上，才會獲得師父的印可。你們就別再耗費心思抱怨了吧！好好把心力花在專研佛法上，對自己才有助益啊！」

一直憤恨不平的弟子們，終於決定不顧神秀的若無其事，而展開一場可怕的報復行動了。

一日課後，眾人又聚在一起時，普寂嘆著氣抱怨：「神秀師父太溫和、太君子了，照這樣繼續發展下去，惠能那小子早晚會凌駕我們之上。」

「師父可以退縮，我們卻不能就這樣白白便宜了惠能小子。我們應該趁著南方的勢力還沒有直接威脅到我們之前，好好挫挫他的銳氣，免得他日後坐大。」義福也抒發了自己的意見。

「我可以找我的一個俗家朋友，去修理惠能那小子，讓他不要太囂張！」志明提出了具體方法。

「好，去把他痛揍一頓，以消多年的心頭之恨！」其他人一致同意志明的計策。

志明很快找到他的俗家朋友張行昌，要他前往嶺南處置此事，並說好，事成之後，付酬黃金十兩。

張行昌連夜南下。一路上，他想著各種修理惠能的方法，卻都覺得不甚妥當。行至一片山原，見到山壁上一片焦土，顯見不久前曾遭火燒山，但腳下卻已見新生的綠草油碧一片。他心裡驀然浮現古語：「斬草不除根，春風吹

又生。」

「不如取了南蠻子的性命來得乾脆！」張行昌決定了以後，腳程更快了。

不多久，寶林寺已經在望了。

當天夜晚，張行昌身著夜行衣潛入方丈室，舉起手上的尖刀，朝沉睡中的惠能頸部用力砍下去。

「噹！」刀子滑過惠能頸子，竟像滑過鋼柱般。

張行昌重新舉刀，繼續連刺兩刀，惠能仍毫髮無傷。

「怎麼會這樣呢？」張行昌行遍江湖，壞事做盡，卻從未見過這樣的怪事。他又驚又怕地呆立在那兒，不知所措。

躺在床上的惠能說話了：「正劍不邪，邪劍不正，你被人利用，刺殺良善，難道能傷得了我嗎？我欠你的只是十兩黃金，可並不欠你一條人命啊！」

張行昌大驚，手中鋼刀「哐啷」滑落，雙膝不覺軟軟地跪了下去。待回過神，拚命磕頭祈求：「大師所言甚是，在下知道錯了；請大師原諒在下的魯

莽！在下願意立刻削髮出家，隨侍大師左右。」

惠能坐起身，拿起桌上黃金遞給張行昌，告訴他說：「你必須立刻離開這兒，以免我的弟子們知道了這件事，會對你不利。你如果眞的有心想出家，改日換身裝束再來，到時我會正式收你爲弟子。」

「弟子遵從師父囑咐，今夜暫且離去，另日再來正式拜師！」張行昌拜別惠能，循著來時路，悄悄離開寶林寺。

不久以後，張行昌以落髮僧人的形貌回返寶林寺。他告訴惠能：「當夜獲大師感召，離開寶林寺後不久便開始吃齋拜佛。這段日子以來，心中常惦記著恩師的德行風骨，心知唯有隨侍恩師左右，才能獲得眞正的智慧。所以，還是厚著臉皮回來，請求大師收留。」

惠能見他能「放下屠刀，立地成佛」，心裡也很開心，便收他爲徒。入於惠能門下的張行昌，以志徹的法名重新做人，最後終於在修行上有了大成就。

❖註釋❖

❶頓悟教派：修行方法強調快速直入悟門的教派。

❷漸悟教派：修行方法強調循序漸進的教派。

10 辭卻朝廷供養

早課後，六祖惠能在方丈室裡閉目觀心，知客僧急急奔來，神情慌張地大喊：「師父，京城使節薛簡帶來聖上的敕令，要您即刻上大殿接旨哪！」

「聖上的敕令，做什麼呢？」惠能心下覺得奇怪，腳下也不敢怠慢，立刻隨知客僧步上大殿。

薛簡與六祖惠能相互行過禮後，告訴惠能：「下官薛簡奉則天太后和中宗皇帝聖諭，特來迎請大師赴京供養，以便皇太后及皇上可就近請益。」

惠能知道，當時朝廷中上上下下都很尊崇佛法，皇太后武則天和皇帝中宗，更是經常迎請高僧大德入宮供養。所以，對薛簡的來到，他並不感到意外，只是，他一向關心市井小民，覺得身在民間，可以度化大眾；一旦入宮，則只能度化一、兩個人。因此，有意回絕宮廷的邀約。

他告訴薛使節：「當今聖上尊法禮佛的態度令人敬佩，只是，中原既有無數名師，聖上可就近請益，實在不需要生於嶺南野地的惠能，來發表淺見。」

「大師太謙遜了，宮中供養的神秀大師特別舉薦，強調您承繼禪宗法統，

是爲第六代祖師，在嶺南大力弘揚禪宗心法，是値得聖上請益的上人。聖上因此差遣下官來此迎接大師。不知大師什麼時候可以啓程赴京？」

「貧僧只是一介嶺南草民，當年弘忍和尚託付衣法時，便曾囑咐貧僧，今生唯與嶺南有緣，必須南向弘法。因此，貧僧承繼師父衣法時，便已決心在這片草莽中專心弘法，老死山林，以報師恩。盼薛大人體諒惠能苦衷，從中成全。」

「下官多次奉旨延請高僧入京，每位高僧大德都覺得是項崇高的榮譽，求之唯恐不及，唯有大師卻婉拒聖上美意。下官只怕若未能完滿覆命，龍顏震怒，累及下官，於大師也會有所不便。」薛簡說得合情入理。

「請薛大人放心，貧僧即刻讓弟子擬表章向聖上謝罪，一定不致連累大人。」

薛簡帶著六祖惠能的表章，回朝廷覆命去了。

雖然，惠能已經表明決心了，可是，太后和皇上並不死心，仍接二連三地派遣使節赴嶺南，極力想迎請六祖惠能。只是，惠能始終堅辭聖命，直至老

死，都未奉召入宮。

朝廷了解，終究是請不動惠能了。但敬佩他不攀炎附勢的風骨，以及在傳揚佛法上的貢獻，便賞賜惠能許多寶物，並詔令韶州刺史重新修砌寶林寺。還在惠能大師的故鄉——新州，建造國恩寺。

＊　＊　＊

唐玄宗先天二年（西元七一三年），惠能七十六歲。七月一日，惠能在寶林寺大殿上召集全寺僧眾，向大家宣告：「爲師八月間就要離開人世。各位如果對佛法還有任何疑問，要把握最後這個月時間，趕緊提出來問我，好讓我爲你們開示。」

一時間，大殿籠罩在依依不捨的哭泣聲中，一片愁雲慘霧。

「你們跟隨貧僧這許多年，都是怎麼修習的？你們痛哭流涕，究竟爲的是什麼？如果是擔心我死後無處可去，告訴你們，我自然有我的去處。如果我不知道自己的去處，就不會現在告訴你們我離開人世的時間。既然這樣，你們還有什麼好傷心的呢？」惠能義正辭嚴地責備弟子們。

被惠能大師這樣一指責，弟子們都慚愧得低下頭來，勉強打住濃濃的離愁。

惠能見到，大殿上只有神會一個人仍是平常淘氣慧黠的模樣，既不顯憂傷，也不著急，便又說道：「全寺裡，只有神會一個人對善與不善同等對待；對生死榮辱無動於衷；只有神會了解生死解脫之道！」

等弟子們的情緒比較平復後，惠能告訴大家：「也許，你們會想問：『師父入滅以後，衣缽傳給誰？』」

聽到這個問題，大家勉強打起精神來，因爲衣缽傳承是個很急迫，卻又難以啓齒的問題。

「當年，五祖弘忍師父傳法於我時，已經囑咐我：『自你以後，只傳無形的心法，不再傳有形的衣缽，以免徒然引致爭端。』所以，今後的傳法不再有有形的信物。」

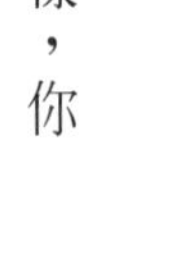

能。

「不傳袈裟，那要傳什麼呢？」一張張打了問號的臉孔，疑惑地望著惠人。」

「能夠了解我說法的人，就已承繼了我的心法，就是禪宗法脈的傳承人。」

惠能提示弟子：「你們就依據自己的修行，四處宣揚佛法。如果對教義有疑惑時，可以參考我平常的開示。」

惠能對於即將離開人世感到一片坦然，而弟子們受到訓誡，也不敢再表露哀悽。可是，一想到所敬重的師父就要離去，大夥的心中萬般不捨，像掛了沉重的鉛錘般，輕鬆不起來。

七月八日，惠能忽然對徒眾們說：「我現在要回故鄉新州去，你們快些打理，陪我一起回去吧！」

「不，師父，寶林寺是您傳揚佛法的重鎮，您怎麼可以在這個時候離它而去呢？況且，師父的年事已高，怎好又舟車勞頓呢？」弟子及信眾們極力挽留。

「佛陀爲了拯救世人而來到人間，不論時間久暫，不論南來北往，最後，仍然得離開世間。有來就有去，有什麼好挽留的。」

眾人見惠能態度堅決，只好順他的心意，隨他返回故鄉。

八月初三，惠能吃罷齋飯後，告訴弟子們：「你們好好坐在我面前，讓我與你們話別。」

話別後，惠能進入方丈室端坐。當夜三更時分，他告訴眾人：「我走了！」

當時，山裡盈滿奇花異草的香味，一道潔白晶瑩的虹橋自天際連接地面，草木也呈一片白色，山林禽獸大聲哀鳴……。

一代宗師溘然長逝，遺風令人追思懷念。

佛學視窗

- 時代背景
- 六祖惠能的主要思想
- 六祖惠能的影響
- 印度禪宗法系略圖
- 中國禪宗法系略圖
- 六祖惠能年表

時代背景

中國禪宗六祖惠能禪師也稱爲慧能禪師（在唐代，惠與慧通用），有關惠能大師出生與死亡年代的記載，在現有的文獻資料當中，有相當大的差異。依據敦煌本《壇經》的說法（也是當代佛學大師印順長老的見解），惠能大師應該是出生於唐太宗貞觀十二年（西元六三八年），逝世於唐玄宗先天二年（西元七一三年）。

此時正好是唐朝初期的太平盛世，在當時：新舊宗派並弘、高僧輩出、寺院文物燦爛完備，佛教的信仰與文化已深入人民的生活之中，也因此，惠能會在挑柴去賣的路上聽到有人讀誦《金剛經》，且有人願意送錢支助惠能安頓母親以便使他專心出家修道。

唐朝佛教概況

惠能再度出家弘法的年代，大約是在高宗、中宗、武則天的時期。高宗、

中宗均信奉佛教。高宗在擔任太子時，即優禮玄奘法師，爲他作〈述經記〉；當顯慶元年，皇子顯（即中宗）出生時，還特別禮請玄奘法師剃度並爲七位出家人受戒；在顯慶五年時，還詔迎岐州法門寺護國眞身釋迦佛指骨，至洛陽大內供養；於麟德三年又敕兗州置寺觀各三所，天下許州寺觀各一所。中宗在位時，常常光臨各佛寺，並於景龍中盛興佛寺，令諸州立寺觀各一所，以龍興爲名。

武則天的時期，更是利用佛教做爲統治的工具，朝廷特別重視佛法，還刻意下詔，命令天下禁止屠殺釣魚八年、出家僧尼座位要排在道士女冠的前面、各地區募款製作大佛像、獎勵翻譯佛教經典、禮敬出家法師等等；此外，恭迎北宗禪師神秀入京講道，禪宗的名聲因此流傳到全國各地。在武則天太后及孝和皇帝（中宗）時，由於神秀的推薦，曾經數度敕書派遣中使勸令並徵召惠能入宮，不過惠能並沒有接受皇家的徵召而趕赴京城。後來武則天及中宗，只好「送百衲袈裟及錢帛等供養」，可見在當時佛教受到皇室重視的程度。

雖然武則天對佛教獎勵有加，但是卻也種下佛教的大惡因。因爲自從佛教流行於中國以來，許多高僧大德往往是超越政治與皇帝的管轄，他們自己優閒地生活在山林與草堂中，不在天子的臣屬範圍，也不參拜王侯。一般皇帝的法令與出家人的僧律之間，並沒有絕對的關係。但是自從武則天利用佛教爲統制與篡位的工具、沙門封爵並御賜紫袈裟以後，出家人的品格不再超出於世俗帝王之上，佛教的政治化與此有莫大的關係。在當時惠能沒有接受皇家的徵召，也可以算是一般佛教的清流。

六祖惠能的主要思想

惠能的主要思想，是以《壇經》爲中心。而《壇經》主要的內容重點是：（一）定慧爲本；（二）一行三昧；（三）無相爲體；（四）無念爲宗；（五）無住爲本；（六）無相戒；（七）四弘願；（八）無相懺；（九）三皈戒；（十）說摩訶般若。

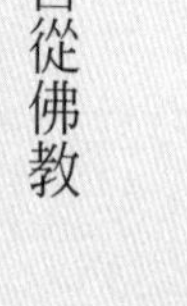

其中定慧爲本是指保持心念的清淨，不被外在紛擾的境界所迷惑與束縛，如此心中將充滿智慧的光芒。而一行三昧是一種念佛三昧，就是在任何的時候，不論行、住、坐、臥，都能保持正念，而無住、無念、無相就是不住著在任何的心念或事物上，也就是不執著的意思。

直指心源、不落文字

惠能之所以能成爲一代的大禪師，絕對不是偶然的，這必須歸因於他本來所具有的特殊悟力。因爲在他承接弘忍大師的衣缽前，他根本不識字，也因此，他不借任何外在的知識，而直透本眞的心性。所以，惠能主張直指心源、不落文字，一切經教文字只是方便設施，坐禪修行也不可執著。

惠能思想的主要來源是大乘般若思想，而他承接大乘般若思想的最主要媒介就是《金剛經》，他不但因爲聽了《金剛經》而出家，也因爲《金剛經》而悟道。在《壇經》一書中，一再地強調「持誦《金剛般若經》，即得見性。當知此經功德無量無邊。」

頓見真如本性

此外，「自性」可以說是《壇經》最主要的概念。惠能在弘忍門下，是因爲「頓見眞如本性」而開悟。惠能認爲一個學習禪法的人，如果不能自己開悟，就必須尋找一位「大善知識」，爲自己「示道見性」。所謂的自性，是泯除一切對立的知性內容、概念，它不是一般的推理與分辨可以求得的。《壇經》所說的自性是斷除了名相、妄想之後，所顯發出來的境界。而自性的本質是清淨的、常住不變的，它隱藏在眾生的身心當中，他認爲人人皆含藏有一切萬法的自性，從自己心中就能體會到眞如本性，但是卻往往被煩惱所覆蓋，所以要頓悟見性。

頓悟一辭，可以說已經變成惠能以後禪學的招牌。然而，惠能強調頓悟，並非否定日常的修行，而是批評那些只執著於表面，而不向內反觀自省的人。頓悟不在誇大工夫的快速，而是著重是否「明心見性」。惠能認爲，如果人們能夠眞正地體悟到本心本體本來是佛，那就是頓見眞如佛性，即可成聖作佛，不用再向東向西四處尋覓。

禪宗的發展與惠能地位的建立

禪宗有所謂教外別傳，並以「傳佛心印」自稱，所以禪宗又稱爲佛心宗。依照傳統的說法，中國禪宗的淵源要推到釋迦牟尼佛，並且奉迦葉爲初祖、阿難爲二祖、馬鳴爲十二祖、龍樹爲十四祖，直到菩提達摩爲二十八祖。然而在印度並沒有禪宗的宗名與傳承。

禪宗在初期幾位祖師的作風，整體上來說是比較重視獨自在山林中修行的。如初祖達摩，便是以深居嵩山面壁禪定著稱；二祖慧可也以著重坐禪聞名；三祖僧璨禪法的特點是「隱思空山，蕭然淨坐」；四祖道信更是提倡「閉門坐」，常常教誡門人勤坐爲根本；五祖弘忍也強調要在山中修身養性，並遠離世間的俗事。總之，惠能之前的幾代祖師，都以靜坐修禪爲特點。這種現象，到了惠能以後就開始發生變化。由原來的岩居穴處、潛心修行，慢慢發展到先開悟見道，再居山修行，進而衍化爲既在紅塵俗世化導眾生，也在孤峰頂上修行的人間佛教，最後流於運水搬柴皆是神通妙用的廣泛思想。

北宗禪

惠能的學說開始興盛，是始於他的弟子荷澤神會，根據記載，與惠能南宗禪同時的北宗禪，相當受到歡迎，聲望如日中天，特別是神秀，受到武則天與唐中宗的寵信，號稱「兩京法王，三帝國師」，所以神秀的北宗禪聲勢大大超越惠能的南宗禪。歷史記載，當神秀爲武則天迎入宮中，受到武后親自跪拜，爾後聞風而來參拜神秀者，據傳一天多達數萬人。此外中宗時，對神秀更是禮敬有加。神秀逝世後，中宗特別下令由神秀弟子普寂法師統領所有的學法大眾，因此普寂在當時也非常受到世人的敬重。那時普寂與神會各立神秀、惠能爲六祖，在神秀與惠能分裂爲南、北兩宗初期，偏於一隅的惠能名氣是比不過神秀的。可是安史之亂以後，情況發生了一百八十度的大轉變，南宗禪壓倒了北宗禪。

南宗禪

天寶十四年，安史之亂（西元七五五年）改變了神會個人及整個禪宗的命

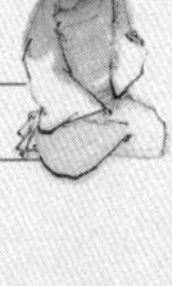

運。主因神會幫助皇室辦法會募款，並協助郭子儀收復長安與洛陽兩京，所以在安史之亂以後，唐肅宗詔請神會入宮褒揚，並為他在荷澤寺中建立「禪宇」。由於神會的努力，使得惠能「南宗」興盛；相對的，神秀北宗就沒落了。

肅宗、代宗、德宗三朝以後，南宗禪更是興旺發達，甚至淹沒了禪宗以外的其他佛教宗派。

在佛學史上，往往以「南頓北漸、南能北秀」來分別惠能與神秀兩派的不同，但是南宗後來壓倒了北宗，獲得了公認。所以，現在人們一提到六祖，便是惠能，一提到禪宗，基本上便是指南宗而不是北宗。

六祖惠能的影響

禪宗是我國影響最大且最具特色的佛教宗派。隋唐以後，禪宗與淨土宗可以說是中國佛教的代名詞。而這都要歸功於惠能思想的啓發，因為惠能徹底發揮了自淨自作的自力說，他主張從自己身心，去自悟自修，自成佛道。他重視體驗，更尊重個人的內心，他提倡「我心即佛」，排除了外在教條的束縛。

惠能不僅開創了中國的禪學，而且他的思想可以說是禪宗最重要的寶典。「不立文字」（「不立文字」並不是不利用文字，而是不執著於文字）常被認爲是禪宗的一大特色，且惠能以後的許多禪師常誇大這一特色。對於魏晉六朝以來駢麗的文風，以及繁瑣的佛理，惠能的「不立文字」可以說是當代的一劑清涼劑。

由於惠能這種不立文字、以心印心、直指當下的號召，使得過去學佛的人對於書本的重擔得以放下。由於他所說的方法非常簡單，因此整個社會幾乎都接受了禪宗的思想方法。也由於惠能思想的開拓，唐宋以來，中國的士大夫多多少少都受到禪宗的影響，不論是思想、藝術創作、詩、詞或是繪畫，都是如此。

另外惠能在《壇經》中，一再地把般若思想中不落於「有」、「無」的觀

念用於與弟子的問答中。這種教法，是惠能幫助弟子明心見性與開悟得智慧的法門。這種方法到了後來，便演變為禪宗公案中的一種對話方式，即所謂的「機鋒轉語」。

此外惠能提倡「解脫不離世間」，他認為應該在世間求解脫，而不是在這個世間以外去尋求所謂的出世。惠能這一思想，開拓了人間佛教的路線，淡薄了世間與出世間的局限，對於中國佛教與思想的發展，有莫大的貢獻。

在敦煌本《壇經》中有提到惠能的「十大弟子」，他們是法海、志誠、法達、智常、志通、志徹、志道、法珍、法如、神會。此外，中原一代的傳法弟子還有司空山的本淨、南陽慧忠、看守惠能衣塔的令韜、廣州吳頭陀、羅浮山定眞、廣州清苑法眞等人。而在江南的，有永嘉玄覺、青原行思及南嶽懷讓。惠能逝世後，南禪獲得迅速的發展，與他眾多的弟子有密切的關係。自惠能以後，到了晚唐，禪宗分為五宗，也就是所謂的一花開五葉（那就是：溈仰、曹洞、臨濟、法眼、雲門），此時可以說是禪學的黃金時代。

印度禪宗法系略圖

釋迦牟尼——摩訶迦葉——阿難——商那和修——優波毱多——提多迦

彌遮迦——婆須蜜——佛陀難提——伏馱蜜多——脅尊者——富那夜奢

馬鳴大士——迦毘摩羅——龍樹尊者——迦那提婆——羅睺羅多——僧伽難提

伽耶舍多——鳩摩羅多——闍夜多——婆修盤頭——摩奴羅——鶴勒那

師子比丘——婆舍斯多——不如密多——般若多羅——菩提達摩

中國禪宗法系略圖

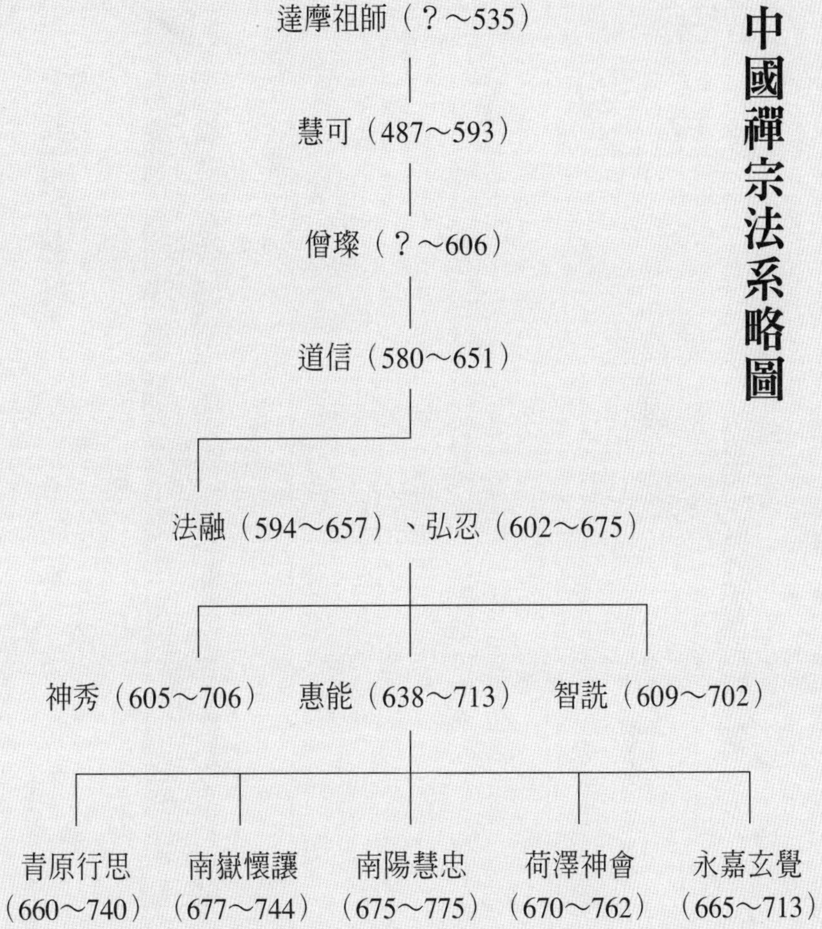
達摩祖師（？～535）
慧可（487～593）
僧璨（？～606）
道信（580～651）
法融（594～657）、弘忍（602～675）
神秀（605～706）
惠能（638～713）
智詵（609～702）
青原行思（660～740）
南嶽懷讓（677～744）
南陽慧忠（675～775）
荷澤神會（670～762）
永嘉玄覺（665～713）

六祖惠能年表

中國紀元	西元	年齡	六祖惠能記事	相關大事
唐太宗貞觀十二年	638	1	惠能出生於嶺南新州。	
貞觀十九年	645	8	惠能六歲。	玄奘大師自天竺返長安。
唐高宗龍朔元年	661	24	聞居士安道誠誦《金剛經》至「應無所住，而生其心」時有所悟，而辭別母親前往黃梅東禪寺，拜於五祖弘忍門下。	
龍朔二年	662	25	得受衣缽成爲禪宗六祖，卻不得不踏上逃亡旅程。曾於曹溪停留數月，和村民共同修復寶林寺，繼而隱居於四會山寨，和獵人隊的隊友們共同生活了十五年。	

儀鳳元年	676	39	惠能體悟到弘法的因緣已至，故離開四會山寨，前往廣州法性寺，得印宗和尚剃度，正式出家，開始以禪宗六祖的名義講經說法。	
儀鳳二年	677	40	離開法性寺，回到曹溪寶林寺安住說法。	
唐中宗神龍元年	705	68	中宗欲迎請惠能進京接受供養，惠能婉拒。	則天武后駕崩。
唐中宗景龍元年	707	70	中宗二度派人前來迎請，惠能再拒。	
唐玄宗先天元年	712	75	惠能命人於新州國恩寺建塔。	
先天二年	713	76	八月初三，惠能於新州國恩寺圓寂。	

國家圖書館出版品預行編目資料

頓悟南蠻子：六祖惠能 / 陳月文著；劉建志繪. -- 二版. -- 臺北市：法鼓文化, 2009.04

面； 公分.

ISBN 978-957-598-459-5(平裝)

224.515　　98002495

高僧小說系列精選 1

頓悟南蠻子——六祖惠能

著者／陳月文
繪者／劉建志
出版／法鼓文化
總監／釋果賢
總編輯／陳重光
編輯／李金瑛、李書儀
學佛視窗／朱秀容
封面設計／兩隻老虎廣告設計有限公司
內頁美編／小巧
地址／臺北市北投區公館路186號5樓
電話／(02)2893-4646　傳真／(02)2896-0731
網址／http://www.ddc.com.tw
E-mail／market@ddc.com.tw
讀者服務專線／(02)2896-1600
初版一刷／1996年10月
二版五刷／2023年4月
建議售價／新臺幣200元
郵撥帳號／50013371
戶名／財團法人法鼓山文教基金會—法鼓文化
北美經銷處／紐約東初禪寺
Chan Meditation Center (New York, USA)
Tel／(718)592-6593　E-mail／chancenter@gmail.com

法鼓文化